첫걸음 베스트 1위!

가장 쉬운 러시아어
첫걸음의 모든 것
16,000원

가장 쉬운 이탈리아어
첫걸음의 모든 것
17,500원

가장 쉬운 포르투갈어
첫걸음의 모든 것
18,000원

동양북스
www.dongyangbooks.com
m.dongyangbooks.com

버전업! 가장 쉬운
베트남어 첫걸음
16,000원

가장 쉬운 터키어
첫걸음의 모든 것
16,500원

버전업! 가장 쉬운
아랍어 첫걸음
18,500원

가장 쉬운 인도네시아어
첫걸음의 모든 것
18,500원

버전업! 가장 쉬운
태국어 첫걸음
16,800원

가장 쉬운 영어
첫걸음의 모든 것
16,500원

버전업! 굿모닝
독학 일본어 첫걸음
14,500원

가장 쉬운 중국어
첫걸음의 모든 것
14,500원

일본어 동화나라 시리즈 3

일본어 독해가 즐거워지는

한국전래동화

황금자 지음
다이쿠 구미코 감수

동양북스

일본어 독해가 즐거워지는
한국 전래 동화

초판 3쇄 | 2019년 6월 20일

지은이 | 황금자
감 수 | 다이쿠 구미코
발행인 | 김태웅
편집장 | 강석기
편 집 | 신선정, 김효은
디자인 | 방혜자, 김효정, 서진희, 강은비
일러스트 | 최지경
마케팅 | 나재승
제 작 | 현대순

ISBN 978-89-8300-635-6 14730
978-89-8300-637-0 14730(전 4권 세트)

발행처 | 동양북스
등 록 | 제 10-806호(1993년 4월 3일)
주 소 | 서울시 마포구 동교로22길 12 (04030)
구입 문의 | 전화 (02)337-1737 팩스 (02)334-6624
내용 문의 | 전화 (02)337-1762 dybooks2@gmail.com

머리말

독해실력을 올릴 수 있는 가장 좋은 방법은 무엇일까요? 다양하고 많은 문장을 읽고 또 읽어 보는 것일 겁니다. 그렇다면 그 많은 문장들이 딱딱하고 어려운 내용으로 되어 있는 것과 재미있으면서도 유익한 내용으로 되어 있는 것이 있다면 여러분께서는 어떤 독해교재를 고르시겠습니까?

답은 간단합니다. 이 책을 만든 이유도 마찬가지입니다. 여러분이 좀더 재미있는 내용으로 일본어 독해에 익숙해질 수 있도록, 그리고 쉽게 문법과 어휘를 습득할 수 있는 독해교재를 만들자는 목적으로 본 교재를 만들었습니다.

이야기책만큼 술술 읽고 넘어갈 수 있는 교재는 없습니다. 또한 내용면에서도 유익합니다. 지루함을 느낄 틈도 없이 어느새 이야기가 끝나있고 옛날이야기로 이루어진 독해를 한 페이지 한 페이지 읽어나가다 보면 자신도 모르게 독해실력이 쑥쑥 늘어나는 것을 느낄 수 있을 겁니다.

이 교재의 특징은

첫째, 교훈과 재미가 가득한 우리나라의 전래동화를 담고 있습니다. 어린 시절 누구나 읽어 봤을 법한 친숙하고 재미있는 10편의 이야기를 묶어서 초급, 중급, 고급 순으로 담아 여러분의 실력에 맞춰 공부할 수 있습니다.

둘째, 본문 하단에는 이야기에 나온 단어들을 정리하였고 본문 다음에는 중요한 문법표현과 본문이해를 돕기 위한 문제들도 수록했습니다. 모르는 단어가 나와도 당황하지 말고 차근차근 읽어가세요. 충분히 이해가 되었으나 미진하다고 생각되시는 분은 본 교재의 뒤편에 있는 이야기 해석을 통해 뜻을 확인해 보실 수 있습니다.

셋째, 이야기를 일본인 성우의 목소리를 통해 생동감 있게 녹음하여 마치 여러분 자신이 이야기 속에 들어가 있는 듯한 느낌을 드리고자 노력했습니다. 지루하지 않게 내용을 귀로도 익힐 수 있게 하였습니다.

그럼, 즐겁게 일본어 공부하세요. ^^

황금자

차례

일러두기

본문

재미있고 친숙한 동화를 일본어 원문으로 즐겁게 읽으며 해설과 대사를 통해 자연스럽게 구어체와 문어체를 동시에 습득할 수 있습니다. 막힘없이 이야기를 읽어내려 갈 수 있도록 본문 페이지 하단에 어휘 설명을 넣었으며, 초급·중급·고급, 단계별로 나누어 체계적으로 독해력을 향상시킬 수 있도록 구성하였습니다. 또한 한자가 먼저 눈에 들어올 수 있도록 독음을 글자 아랫부분에 배치하여 한자를 능숙하게 읽는 연습도 겸할 수 있습니다.

※ 번호와 색이 들어간 문장은 문형과 문법 파트에서 설명을 할 중요 문장입니다.

※ 오디오CD에서는 '고급'을 일본에서 주로 쓰이는 '상급(上級)'으로 발음하였습니다.

문형과 문법

이야기 본문에 나오는 중요 문형과 문법을 설명하는 페이지입니다. 이야기 속에 나오는 문장과 실용적인 예문들을 반복하여 읽으며 자연스럽게 문법을 체득하고 문형과 문법의 구체적인 활용 및 쓰임새를 익혀 독해 실력을 크게 향상시킬 수 있습니다.

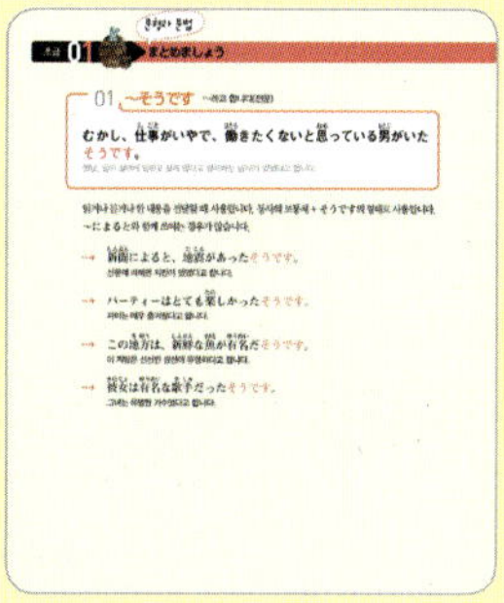

확인 문제

이야기 본문 내용을 제대로 이해하고 있는지 확인하고 학습한 내용을 복습할 수 있도록 이야기에 관련된 문제들을 객관식, 주관식으로 구성하였습니다. 문제를 스스로 풀어보며 자신의 독해 실력을 체크해 볼 수 있는 코너입니다.

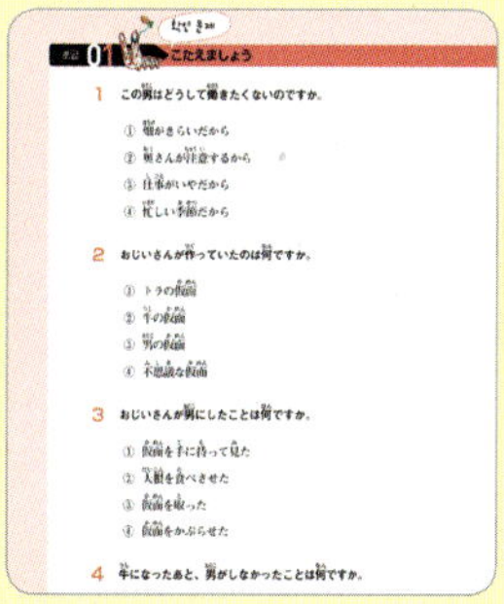

이야기 해석

이야기 본문을 읽고 이해가 부족한 부분이 있거나 자연스럽게 문장을 읽어내려 갈 수 없을 때 참고할 수 있도록 책 뒷부분에 해석을 실었습니다.

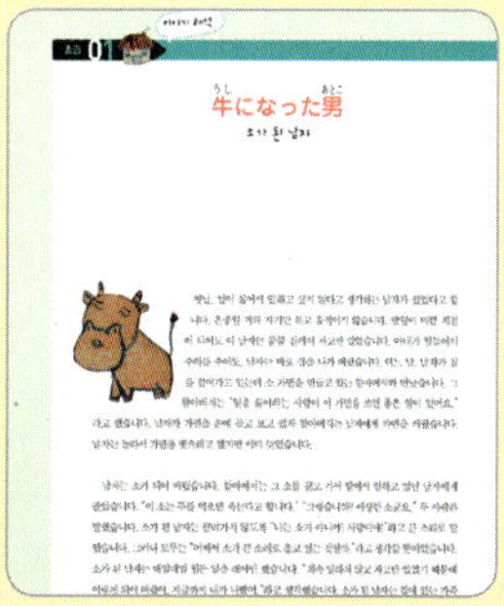

본문

초급 01

牛(うし)になった男(おとこ)

소가 된 남자

Track 01

むかし、仕事がいやで、働きたくないと思っている男がいた[1]そうです。一日中、ほとんど寝ていて、動きません。畑の仕事が忙しい季節になっても、この男はグーグーと家で寝[2]てばかりいました。奥さんが困って注意をしても、男はすぐ家を出て行ってしまうのでした。ある日、男が道を歩いていると、牛の仮面を作っているおじいさんに会いました。そのおじいさんは「仕事がいやな人がこの仮面をかぶると、いいことがありますよ」と言いました。男が仮面を手に持って見ていると、おじいさんは男に仮面をかぶらせました。男はおどろいて、仮面を取ろうとしましたが、もう遅かったのです。

낱말과 표현

牛 소 | 男 남자 | むかし 옛날 | 仕事 일 | いやだ 싫다 | 働く 일하다 | 思う 생각하다 | 一日中 온종일 | ほとんど 거의 | 寝る 자다 | 動く 움직이다 | 畑 밭 | 忙しい 바쁘다 | 季節 계절 | グーグー 쿨쿨 | 奥さん 부인 | 困る 곤란하다 | 注意 주의 | すぐ 곧, 바로 | 出る 나가다 | ある日 어느 날 | 道 길 | 歩く 걷다 | 仮面 가면 | 作る 만들다 | おじいさん 할아버지 | ~に会う ~를 만나다 | かぶる (머리 등에) 쓰다 | いいこと 좋은 일 | 手 손 | 持つ 들다, 집다 | かぶらせる (머리 등에) 씌우다 | おどろく 놀라다 | 取る 벗다, 들다, 집다 | もう 이미, 벌써 | 遅い 늦다

男は牛になってしまいました。おじいさんは、その牛を引いて行き、畑で働いていた男に売りました。「この牛は大根を食べると死ぬそうですよ」「そうですか。不思議な牛ですね」と二人は話しました。牛になった男は引いて行かれないように、「私は牛じゃないよ！人だよ！」と大きな声で言いました。しかし、みんなは、「どうして牛が大きな声で鳴いているんだろう」と思うだけでした。牛になった男は、毎日毎日、大変な仕事をし[3]なければなりませんでした。「ずっと働かないで、寝てばかりいたので、こんなことになってしまった。今まで自分が悪かった」と思いました。牛になった男は家にいる家族のことを考えて、自分がとても恥ずかしくなりました。

낱말과 표현

引く 끌다 | 売る 팔다 | 大根 무 | 死ぬ 죽다 | 不思議だ 신기하다, 이상하다 | 話す 이야기하다 | 声 (목)소리 | しかし 그러나 | みんな 모두 | どうして 왜 | 鳴く (새, 벌레, 짐승 등이) 울다 | ~だけ ~뿐, ~만 | 毎日 매일 | 大変だ 힘들다, 큰일이다 | ずっと 계속, 쭉 | 今まで 지금까지 | 自分 자기 자신, 나 | 悪い 나쁘다, 옳지 않다 | 家族 가족 | 考える 생각하다 | とても 매우 | 恥ずかしい 부끄럽다

そして、おじいさんが畑の男に話していたことを思い出しました。「そうだ。牛になってしまったし、もう大根を食べて死んでしまおう」と、牛になった男は泣きながら眠りました。次の日、仕事が終わってから、牛になった男は、畑に走って行き、大根を取って食べました。すると、パーンという音がして、男は人に戻りました。周りにいた人に、自分が牛になった話をしました。そして、家に戻った男は、もう前とは違いました。誰よりも一生懸命仕事をするようになりました。

낱말과 표현

そして 그리고 | **思い出す** 생각해 내다, 떠올리다 | **泣く** 울다 | **眠る** 잠들다 | **次の日** 다음 날 | **終わる** 끝나다 | **走る** 달리다 | **取る** 뽑다 | **すると** 그러자 | **パーン** 펑 | **音がする** 소리가 나다 | **戻る** 되돌아오다 | **周り** 주변 | **違う** 다르다 | **誰よりも** 누구보다도 | **一生懸命** 열심히

문형과 문법

초급 01  まとめましょう

01 ～そうです ～라고 합니다(전문)

むかし、仕事(しごと)がいやで、働(はたら)きたくないと思(おも)っている男(おとこ)がいたそうです。

옛날, 일이 싫어서 일하고 싶지 않다고 생각하는 남자가 있었다고 합니다.

읽거나 듣거나 한 내용을 전달할 때 사용합니다. 동사의 보통체 + そうです의 형태로 사용합니다. ～によると와 함께 쓰이는 경우가 많습니다.

…▸ 新聞(しんぶん)によると、地震(じしん)があったそうです。
신문에 의하면 지진이 있었다고 합니다.

…▸ パーティーはとても楽(たの)しかったそうです。
파티는 매우 즐거웠다고 합니다.

…▸ この地方(ちほう)は、新鮮(しんせん)な魚(さかな)が有名(ゆうめい)だそうです。
이 지방은 신선한 생선이 유명하다고 합니다.

…▸ 彼女(かのじょ)は有名(ゆうめい)な歌手(かしゅ)だったそうです。
그녀는 유명한 가수였다고 합니다.

02 ～てばかりいる ～(하)고만 있다

畑(はたけ)の仕事(しごと)が忙(いそが)しい季節(きせつ)になっても、この男(おとこ)はグーグーと家(いえ)で寝(ね)てばかりいました。

밭일이 바쁜 계절이 되어도 이 남자는 쿨쿨 집에서 자고만 있었습니다.

동사의 て형 + ばかりいる의 형태로, 다른 것은 하지 않고 '~만 하고 있다'라는 의미로 사용됩니다. て와 いる 사이에 ばかり가 들어갑니다.

…› 日曜日(にちようび)は、主人(しゅじん)はいつも寝(ね)てばかりいます。
일요일, 남편은 언제나 자고만 있습니다.

…› ストレスで一日中(いちにちじゅう)食(た)べてばかりいます。
스트레스로 온종일 먹기만 합니다.

…› 一日中(いちにちじゅう)、遊(あそ)んでばかりいます。
온종일 놀기만 하고 있습니다.

03 ～なければなりません ～(해)야만 합니다.

牛(うし)になった男(おとこ)は、毎日毎日(まいにちまいにち)、大変(たいへん)な仕事(しごと)をしなければなりませんでした。

소가 된 남자는 매일매일 힘든 일을 해야만 했습니다.

의무를 나타내는 표현입니다. 반드시 그렇게 해야 할 의무가 있다는 것 외에도 일반적으로 그렇게 해야 한다는 생각을 나타냅니다.

…› 約束(やくそく)は守(まも)らなければなりません。
약속은 지켜야만 합니다.

…› この本(ほん)は来週(らいしゅう)の月曜日(げつようび)までに、返(かえ)さなければなりません。
이 책은 다음 주 월요일까지 반납해야 합니다.

…› 食事(しょくじ)の前(まえ)は、手(て)を洗(あら)わなければなりません。
식사 전에 손을 씻어야 합니다.

확인 문제

초급 01 こたえましょう

1 この男はどうして働きたくないのですか。

① 畑がきらいだから

② 奥さんが注意するから

③ 仕事がいやだから

④ 忙しい季節だから

2 おじいさんが作っていたのは何ですか。

① トラの仮面

② 牛の仮面

③ 男の仮面

④ 不思議な仮面

3 おじいさんが男にしたことは何ですか。

① 仮面を手に持って見た

② 大根を食べさせた

③ 仮面を取った

④ 仮面をかぶらせた

4 牛になったあと、男がしなかったことは何ですか。

① 仮面を取ろうとした

② 大きな声で「牛じゃない」と言った

③ 泣きながら眠った

④ 毎日大変な仕事をした

5 牛になった男はどうして大根を食べましたか。

① おいしかったから

② 恥ずかしかったから

③ 死のうと思ったから

④ お腹が空いていたから

6 男はどうして仮面を手に取って見ましたか。

7 おじいさんは牛が大根を食べるとどうなると言いましたか。

8 男は、どうして自分が牛になったと思いましたか。

9 牛になった男はどうして自分がとても恥ずかしくなりましたか。

10 牛から人に戻った男はどうなりましたか。

초급 02

親孝行(おやこうこう)のトラ

호랑이의 효행

Track 02

むかし、頭がいい木こりがいました。ある日、木こりは森へ木を切りに出かけました。しばらく歩いて行くと、草の中から何か音が聞こえました。すると、大きなトラが口をパカッと開けて、目の前に出てきたのです。ウオーーーと声を出して、「ああ、ちょうどお腹が空いていた。いいところで見つけたぞ。食べてしまおう」と言いました。木こりはこわくて、体がぶるぶるしはじめました。しかし、木こりはいいことを考えました。木こりはトラを見[1]ながら、大きな声で泣きました。「お兄さん！やっと会えましたね。お母さんがいつもお兄さんのことを思って、泣いてばかりいましたよ。お兄さんは山に行ったまま、ずっと帰ってこないから、きっと死んでしまったのでしょう…と。でも、今、ここで生きて会えました。夢の[2]ようですよ！」と木こりが言うと、トラは、「私がおまえの兄さんだって」とおどろいています。木こりは続けて言いました。「夢の中に出てきたお兄さんが、いつも『自分はトラになってしまった。もう家に帰れない』とお母さんに言ったそうですよ。でも、今、お兄さんに会えてうれしい。本当に夢を見ている[2]ようですよ、お兄さん」と、木こりは泣き[1]ながら話しました。

낱말과 표현

親孝行 효도, 효행 | トラ 호랑이 | 頭がいい 머리가 좋다 | 木こり 나무꾼 | 森 숲 | 切る 베다, 자르다 | 出かける 나가다 | しばらく 잠시 | 草 풀 | 音 소리 | 聞こえる 들리다 | 口をパカッと開ける 입을 떡 벌리다 | 声を出す 소리를 내다 | ちょうど 마침 | お腹が空く 배가 고프다 | 見つける 찾다, 발견하다 | こわい 무섭다 | 体 몸 | ぶるぶる 부들부들 | しはじめる 하기 시작하다 | 泣く 울다 | お兄さん 형, 오빠 | やっと 간신히 | 会える 만날 수 있다 | いつも 언제나, 항상 | ～たまま ~한 채 | ずっと 쭉, 계속 | 帰る 돌아오다 | きっと 반드시, 틀림없이 | 死ぬ 죽다 | 生きる 살다 | 夢 꿈 | ぼく 나(남자) | おまえ 너, 자네 | ～だって ~라고 | おどろく 놀라다 | 続ける 계속하다 | うれしい 기쁘다 | 本当に 정말로 | 夢を見る 꿈을 꾸다

すると、トラは木こりの言葉を本当だと思いました。トラもお母さんを思い[1]ながら、泣きました。そして、木こりは「お兄さん、私と一緒にお母さんに会いに行こう」と言いました。トラは「だめだよ。私を見てごらん。すっかりトラになってしまったんだ。お母さんには会えないよ…。これから月に2回、私がいのししをつかまえ[3]てあげるから、私のために、おまえがお母さんにやさしくしてあげなさい」と、泣きながら言いました。次の日の朝になりました。木こりの家の庭に、いのししが一頭おいてありました。そうです。あのトラの約束です。トラはいのししをつかまえて、お母さんのところへ持ってきたのです。そのときから、月に2回、トラは必ずいのししをつかまえて、家まで持ってきました。木こりはトラの親孝行を思いながら、自分も母親を大事にしました。

낱말과 표현

言葉 말 | 一緒に 함께 | だめだ 안 되다, 소용없다 | ごらん 보렴 | すっかり 완전히 | これから 이제부터 | 月 1개월, 한 달 | ～回 ~번, ~회 | いのしし 멧돼지 | つかまえる 잡다 | ～のために ~를 위해 | やさしい 상냥하다 | 朝 아침 | 庭 마당, 정원 | 一頭 한 마리 | おいてある 놓여져 있다 | 約束 약속 | とき 때 | 必ず 반드시 | 母親 어머니 | 大事にする 소중하게 대하다

それから、時間が過ぎ、お母さんは病気で死んでしまいました。お母さんが死んでから、トラはもうけっして家へはやってきませんでした。ある日、森へ行った木こりは、子供のトラを見つけました。よく見てみると、その子供のトラは、木こりが会った、あのトラの子供でした。お母さんが死んでしまったことを知ったトラは、悲しくて、悲しくて、食べることもできなくなってしまいました。そして、とうとうトラは死んでしまったのでした。木こりはトラの親孝行な気持ちを知りました。そして、今度は木こりがトラのために、最後までトラの子を育てたのでした。

낱말과 표현

それから 그리고 | **時間が過ぎる** 시간이 흐르다 | **病気** 병 | **けっして** 결코 | **やってくる** 오다 | **子供** 아이 | **よく** 자세히, 잘 | **知る** 알다 | **悲しい** 슬프다 | **できる** 할 수 있다, 가능하다 | **とうとう** 결국 | **気持ち** 기분 | **今度** 이번, 이 다음 | **最後** 마지막 | **育てる** 기르다, 양육하다

01 ~ながら ~하면서

- 木(き)こりはトラを見(み)ながら、大(おお)きな声(こえ)で泣(な)きました。
  나무꾼은 호랑이를 보면서 큰 목소리로 울었습니다.
- 木(き)こりは泣(な)きながら話(はな)しました。
  나무꾼은 울면서 말했습니다.
- トラもお母(かあ)さんを思(おも)いながら、泣(な)きました。
  호랑이도 어머니를 생각하면서 울었습니다.

동사의 ます형 + ながら는 '~하면서'라는 동시동작을 나타냅니다.

··· 友達(ともだち)と話(はな)しながら、歩(ある)きました。
친구와 이야기하면서 걸었습니다.

··· ラジオを聞(き)きながら、運転(うんてん)します。
라디오를 들으면서 운전을 합니다.

··· お父(とう)さんはいつも歌(うた)を歌(うた)いながら、お風呂(ふろ)に入(はい)ります。
아버지는 항상 노래를 부르면서 목욕을 합니다.

02 ~ようだ ~같다, ~모양이다

- 夢(ゆめ)のようですよ！
  꿈만 같아요!
- 本当(ほんとう)に夢(ゆめ)を見(み)ているようですよ。
  정말로 꿈을 꾸고 있는 것 같아요.

비유를 나타냅니다. まるで(마치, 흡사)와 함께 사용하는 경우도 있습니다.
동사의 기본형/ た형/ ている형 + ようだ의 형태나 명사 + の + ようだ의 형태로 사용합니다.

··· あの人(ひと)はきれいですね。まるで花(はな)のようです。
저 사람은 아름답군요. 마치 꽃 같아요.

…▸ あの建物は、まるで箱のような形をしています。
저 건물은 마치 상자 같은 모양을 하고 있습니다.

…▸ 彼女は人形のようなかわいい人です。
그녀는 인형 같은 귀여운 사람입니다.

…▸ この部屋は寒くて、まるで冷蔵庫の中にいるようです。
이 방은 추워서 마치 냉장고 안에 있는 것 같습니다.

03 ～てあげる ～해 주다

これから月に２回、私がいのししをつかまえてあげるから、私のために、おまえがお母さんにやさしくしてあげなさい。
이제부터 한 달에 두 번 내가 멧돼지를 잡아 줄 테니까 나를 위해서 네가 어머니께 잘해 드리렴.

あげる는 '드리다'라는 의미를 갖고 있는 수수동사입니다. 원래는 윗사람에게 쓰는 표현이었지만 지금은 일반적으로 '~해 주다'라고 할 때 사용합니다.

…▸ 私はキムさんに駅までの道を教えてあげました。
나는 김 씨에게 역까지의 길을 가르쳐 주었습니다.

…▸ 私はいつも弟の部屋を掃除してあげます。
나는 항상 남동생 방을 청소해 줍니다.

～てあげる는 윗사람에게는 사용하지 않는 편이 좋습니다. 왠지 자신의 친절을 강조하는 느낌이 들기 때문입니다. 윗사람에게는 ～ましょうか 표현을 쓰는 것이 좋습니다.

…▸ 先生、私がその荷物を持ちましょうか。
선생님, 제가 그 짐을 들어 드릴까요?

확인 문제

초급 02 こたえましょう

1 木こりは森へ何をしに行きましたか。

① トラに会いに

② 食べ物をさがしに

③ お兄さんをさがしに

④ 木を切りに

2 木こりは、トラが木こりの何だと言いましたか。

① お母さん

② お兄さん

③ 食べ物

④ 自分

3 トラは、木こりの言葉をどう思いましたか。

① 夢だ

② うそだ

③ 本当だ

④ 悲しい

4 トラは、お母さんのためにどうすると言いましたか。

① いのししをつかまえてあげる

② お母さんにやさしくしてあげる

③ お母さんを思いながら泣く

④ 月に2回会いに行く

5 木こりのお母さんが死んでから、トラはどうしましたか。

① 月に2回いのししを持ってきた

② トラの子を育てた

③ 家へ来なくなった

④ お母さんを思いながら泣いた

6 木こりは大きなトラを見たとき最初はどうなりましたか。

7 トラはどうしてお母さんに会えないと言いましたか。

8 どうして木こりの家の庭にいのししがおいてありましたか。

9 トラの親孝行を思いながら、木こりはどんなことをしましたか。

10 木こりは森で見つけたトラの子をどうしましたか。

초급 03

お日(ひ)さま、お月(つき)さま

해님 달님

Track 03

昔々、静かな山の中に、お母さんとお兄さんと妹が住んでいました。山の深いところなので、食べ物はたくさんありませんでしたが、三人の生活はとても楽し[2]そうでした。ある日、お母さんは村の人の家へ手伝いに行きました。お母さんはお兄さんと妹に「私がいない間、家で二人で待っていてね。お土産においしいおもちを買ってくるから、たのしみにしていてね」と言って、村へ出かけました。お母さんは一人、村までの遠い道を歩いて行きました。お昼でも道は暗くて、トラが出てきそうでした。お兄さんと妹は「おもちが早く来[1]たらいいなあ…」と思いながら、お母さんが帰ってくるのを待っていました。妹は言いました。「お兄ちゃん、私は小豆もちが食べたいな」「でも、おもちなら、きなこもちがぼくは一番好きだよ」と話していました。

낱말과 표현

お日さま 해님 | お月さま 달님 | 昔々 옛날 옛날 | 静かだ 조용하다 | お母さん 어머니 | 妹 여동생 | 住む 살다 | 深い 깊다 | ところ 곳 | 食べ物 음식 | たくさん 많이 | 生活 생활 | 楽しい 즐겁다 | 村 마을 | 手伝う 돕다, 거들다 | 間 동안 | 待つ 기다리다 | お土産 선물 | おいしい 맛있다 | おもち 떡 | 買う 사다 | たのしみにする 기대하다 | 出かける 나가다, 외출하다 | 一人 혼자 | 遠い 멀다 | お昼 낮 | 暗い 어둡다 | トラ 호랑이 | 早く 빨리 | 小豆 팥 | でも 그러나, 하지만 | きなこ 콩가루, 콩고물 | 一番 제일, 가장 | 好きだ 좋아하다

そして、すっかり日が沈んで、外も暗くなり始めました。お母さんは家で待っている子供たちが気になりました。「なるべく早く帰らなければ[1]…」と思って、急いで歩いていました。すると、目の前に黒いものがヌッと出てきました。お母さんはゾッとしました。トラです。トラが出たのです。「そのもちを一つ、私にもくれ。くれたら、おまえを食べないよ」と言いました。トラもおもちが好きなようです。「トラさん、どうぞ」と言って、お母さんはトラにおもちの箱を出しました。すると、トラは箱を取って、すぐにおもちを全部食べてしまいました。それから、トラは言いました。「あぁ、もっと食べたいなあ…」。今度はお母さんをつかまえて、お母さんまで食べてしまったのです。そして、トラはお母さんの服を着て、お兄さんと妹が待っている家へ行きました。

낱말과 표현

すっかり 완전히 | 日が沈む 해가 저물다 | 外 밖 | 子供たち 아이들 | 気になる 걱정이 되다 | なるべく 되도록, 가능한 한 | 急ぐ 서두르다 | 黒い 검다 | ゾッとする 오싹하다 | おまえ 너, 자네 | 箱 상자 | 出す 내다, 내밀다 | 取る 빼앗다 | すぐに 바로, 즉시 | 全部 전부 | それから 그리고 나서 | もっと 더, 더욱 | 今度 이번 | つかまえる 붙잡다 | 服を着る 옷을 입다

トントン。お母さんが帰ってきたと思って、ドアを開ける[1]と、トラがいました。「ト、ト、トラだ！！！」お兄さんと妹はおどろきました。二人は本当に怖くて泣き[2]そうになりましたが、一生懸命に逃げました。そして、急いで庭の木に登りました。けれど、二人はすぐにトラに見つかってしまいました。木の下まで来たトラが聞きました。「木の上までどうやって登ったの」。お兄さんは「台所にあったごま油をぬって登ったんだよ」と、うそをつきました。トラは「なるほど！」と言って、すぐにごま油をぬって登ろうとしましたが、つるりとすべって、ちっとも登れません。それを見て、まだ小さい妹はケラケラ笑いながら、「トラさんは頭が悪いわね。おのを使って登れば簡単なのに」と言いました。すると、大変です。トラは妹の言葉を聞いて、おのを使って木に登りはじめました。そして、すぐにトラは二人の近くまで来てしまいました。

낱말과 표현

ドアを開ける 문을 열다 | おどろく 놀라다 | 本当に 정말로 | 怖い 무섭다 | 泣く 울다 | 一生懸命 열심히 | 逃げる 도망가다 | 庭 마당, 정원 | 木 나무 | 登る 오르다 | けれど 하지만 | 見つかる 들키다, 발각되다 | 聞く 묻다, 듣다 | どうやって 어떻게 해서 | 台所 부엌 | ごま油 참기름 | ぬる 바르다 | うそをつく 거짓말을 하다 | なるほど 과연, 정말 | つるり 쭈르르 | すべる 미끄러지다 | ちっとも 조금도 | まだ 아직 | 小さい 어리다, 작다 | ケラケラ 깔깔 | 笑う 웃다 | 頭が悪い 머리가 나쁘다 | おの 도끼 | 簡単だ 간단하다 | 大変だ 큰일이다 | 近く 근처

二人は「神様、助けてください」と一生懸命祈りました。すると、空から太いつながスルスルと下りてきました。お兄さんと妹はつなをしっかりつかまえて、空へ上がりました。それを見て、トラも空に向かって大きな声で言いました。「神様、私にもつなをください」。すると、トラにもつなが下りてきました。トラはつなを上がって、お兄さんと妹の後ろからやってきました。ところが、トラのつなはとても古くて細くて、丈夫じゃありませんでした。そして、急にトラのつなはプツンと切れて、庭に落ちて、死んでしまいました。お兄さんと妹は空へ上がっていきました。そして、二人はお日さまとお月さまになりました。兄は世界を明るくするお日さまになり、妹は夜だけ恥ずかし[2]そうに出てくるお月さまになったそうです。

낱말과 표현

神様 하느님 | **助ける** 돕다 | **祈る** 기도하다 | **空** 하늘 | **太い** 두껍다 | **つな** 밧줄 | **スルスル** 스르르 | **下りる** 내리다, 내려오다 | **しっかり** 꽉, 단단히 | **上がる** 오르다 | **向かう** 향하다 | **声** 목소리 | **後ろ** 뒤 | **やってくる** 오다, 다가오다 | **ところが** 그런데 | **古い** 낡다 | **細い** 가늘다 | **丈夫** 튼튼함 | **急に** 갑자기 | **プツン** 툭 | **切れる** 끊어지다 | **落ちる** 떨어지다 | **死ぬ** 죽다 | **世界** 세상, 세계 | **明るい** 밝다 | **夜** 밤 | **だけ** ~만, 뿐 | **恥ずかしい** 부끄럽다

01 가정 조건

- おもちが早(はや)く来(き)たらいいなあ…。 떡이 빨리 오면 좋겠다…….
- なるべく早(はや)く帰(かえ)らなければ…。 가능한 한 빨리 돌아가지 않으면…….
- ドアを開(あ)けると、トラがいました。 문을 열자 호랑이가 있었습니다.

일본어로 가정표현에는 と, ば, たら 등이 있습니다.

(1) ~と

자연현상이나 자연발생적인 일, 반복적인 습관을 나타내기도 합니다. 또한 길 안내 등에도 사용합니다. 뒤의 문장에는 명령, 의지, 권유, 희망의 표현이 올 수 없습니다.

⋯› 春(はる)になると、桜(さくら)の花(はな)が咲(さ)きます。
봄이 되면 벚꽃이 핍니다.

⋯› このボタンを押(お)すと、チケットが出(で)ます。
이 버튼을 누르면 티켓이 나옵니다.

⋯› この道(みち)をまっすぐ行(い)くと、交番(こうばん)があります。
이 길을 곧장 가면 파출소가 있습니다.

(2) ~ば

일반적인 진리나 속담이나, '~하면 ~한다'라는 앞 문장의 일이 성립하면 뒤의 일이 자연스럽게 이루어진다는 표현을 나타냅니다.

⋯› 働(はたら)きすぎれば、倒(たお)れますよ。
너무 일하면 쓰러져요.

⋯› 寒(さむ)い部屋(へや)で寝(ね)れば、風邪(かぜ)をひきます。
추운 방에서 자면 감기에 걸립니다.

⋯› 毎日(まいにち)、日本語(にほんご)勉強(べんきょう)すれば、上手(じょうず)になります。
매일 일본어를 공부하면 잘하게 됩니다.

(3) ~たら

가정 조건으로 '만약 ~라면'이라는 의미입니다. 과거, 현재, 미래 어느 때든 사용할 수 있습니다. '~했더니'라고 해석되기도 합니다.

- 日本へ行ったら、お土産を買ってきてください。
  일본에 간다면 선물을 사 오세요.
- 明日天気がよかったら、ドライブでも行きませんか。
  내일 날씨가 좋다면 드라이브라도 가지 않겠습니까?
- 宝くじに当たったら、世界旅行がしたいです。
  복권에 당첨된다면 세계여행을 하고 싶습니다.

02 ~そうだ ~인 모양이다, ~인 것 같다(양태)

- 三人の生活はとてもたのしそうでした。
  3명의 생활은 매우 즐거운 것 같았습니다.
- 二人は本当に怖くて泣きそうになりましたが、
  두 사람은 정말로 무서워서 울 것 같았지만,
- 妹は夜だけ恥ずかしそうに出てくるお月さまになったそうです。
  여동생은 밤에만 수줍은 듯이 나오는 달님이 되었다고 합니다.

대상을 보고 그렇게 느낀 경우, 상황이나 경험 등으로 추측하거나 판단을 내릴 때 사용합니다. 동사의 ます형과 형용사 어간에 접속합니다.

- りんごが木から落ちそうです。 사과가 나무에서 떨어질 것 같습니다.
- そのかばんは重そうです。 그 가방은 무거울 것 같습니다.
- あの子供は元気そうに見えましたが、病気でした。
  그 아이는 건강한 듯 보였지만 병이었습니다.
- おもしろそうな番組を見ています。
  재미있을 거 같은 프로그램을 보고 있습니다.

초급 03 확인 문제

こたえましょう

1 静かな山の中に住んでいなかったのは誰ですか。

① お母さん

② お兄さん

③ お父さん

④ 妹

2 お母さんは何をしに村へ出かけましたか。

① おもちを買いに

② 村の人を会いに

③ トラにおもちをあげに

④ 村の人を手伝いに

3 もちを食べたトラがしなかったことは何ですか。

① お母さんの服を着た

② お母さんを食べた

③ おもちの箱を食べた

④ お母さんの家へ行った

4 トラを見た兄と妹がしなかったことは何ですか。

① ごま油を木にぬった

② 庭の木に登った

③ 一生懸命に逃げた

④ トラにうそをついた

5 兄と妹に空から下りてきたのはどんなつなでしたか。

① 丈夫じゃないつな

② 古いつな

③ 細いつな

④ 太いつな

6 兄が好きなおもちは何ですか。

7 トラは、お母さんに何と言いましたか。

8 トラは、どうして木に登れましたか。

9 兄と妹にどうして空からつなが下りてきましたか。

10 空へ上がった兄と妹はどうなりましたか。

초급 04

世界(せかい)で一番(いちばん)怖(こわ)いもの

세상에서 가장 무서운 것

Track 04

昔々(むかしむかし)、深(ふか)い深(ふか)い山(やま)の中(なか)に、おじいさんが一人(ひとり)で住(す)んでいました。おじいさんの家(いえ)は村(むら)から遠(とお)いところにありました。それで、いつもは人(ひと)と会(あ)うこともありませんから、一人(ひとり)でさびしく生活(せいかつ)していました。ある日(ひ)の夜(よる)、誰(だれ)かがこちらへ歩(ある)いて来(く)るような音(おと)がします。おじいさんは「変(へん)だな。家(いえ)に来(く)る人(ひと)はいない[1]はずなのに」と思(おも)いました。おじいさんは家(いえ)の中(なか)から静(しず)かに外(そと)を見(み)ていました。すると、男(おとこ)がおじいさんの家(いえ)へ歩(ある)いて来(く)るのが見(み)えました。その男(おとこ)はとても背(せ)が大(おお)きいようでした。「誰(だれ)か知(し)らないけれど、一人(ひとり)でひまだから、どうぞ入(はい)ってください」とおじいさんは言(い)いました。男(おとこ)は戸(と)を開(あ)けて、家(いえ)に入(はい)ってきました。おじいさんは入(い)り口(ぐち)を見(み)て、とてもおどろきました。そこには鬼(おに)がいました。男(おとこ)は鬼(おに)だったのです。怖(こわ)い顔(かお)をした鬼(おに)は、ヒヒヒと笑(わら)いながら、部屋(へや)の中(なか)に入(はい)って、おじいさんの前(まえ)に座(すわ)りました。おじいさんは鬼(おに)が怖(こわ)かったのですが、あの話(はなし)、この話(はなし)…、と二人(ふたり)でしばらく話(はなし)をしました。そして、おじいさんと鬼(おに)は友達(ともだち)になりました。

낱말과 표현

世界 세상, 세계 | **一番** 가장, 제일 | **怖い** 무섭다 | **もの** 것, 물건 | **深い** 깊다 | **おじいさん** 할아버지 | **住む** 살다 | **村** 마을 | **遠い** 멀다 | **ところ** 곳 | **それで** 그래서 | **いつも** 항상, 평소 | **さびしい** 쓸쓸하다 | **生活する** 생활하다 | **音がする** 소리가 나다 | **変だ** 이상하다 | **静かに** 조용하게 | **外** 밖 | **見える** 보이다 | **背が大きい** 덩치가 크다 | **〜けれど** ~이지만 | **ひまだ** 한가하다 | **入る** 들어오다 | **戸を開ける** 문을 열다 | **入り口** 입구 | **おどろく** 놀라다 | **鬼** 도깨비 | **顔** 얼굴 | **笑う** 웃다 | **部屋** 방 | **座る** 앉다 | **しばらく** 잠시, 얼마동안 | **友達** 친구

鬼は、「ときどき遊びにきてもいいですか」と聞くと、おじいさんは「いいですよ。どうぞどうぞ」と答えました。それから、鬼はときどきおじいさんの家へ来て、一緒に遊びました。二人はおもしろい話をしたり、歌を歌ったりしました。鬼はよくおじいさんのところへ遊びに来る[2]ようになりました。おじいさんは自分の顔が変わったような気がし始めました。そんなある日の朝、おじいさんは鏡で自分の顔を見て、「おや、何か変だ。顔が変わったような気がする。怖い顔になってきたぞ」。おじいさんは不安になりました。鬼と遊んでいるので、自分の顔も鬼に似てきたのではないかと思いました。おじいさんは鬼が家に訪ねてくることが怖くなってきました。

낱말과 표현

ときどき 가끔, 때때로 | 遊ぶ 놀다 | 答える 대답하다 | 一緒に 함께 | おもしろい 재미있다 | 歌を歌う 노래를 부르다 | 自分 자기 자신 | 変わる 바뀌다 | 気がする 기분이 들다 | そんなある日 그러던 어느 날 | 朝 아침 | 鏡 거울 | 何か 왠지 | 不安になる 불안해지다 | 似る 닮다 | 訪ねる 방문하다

そして、その日も鬼が訪ねてきました。おじいさんは鬼にある質問をしました。「鬼たちが世界で一番怖いのは何?」すると、鬼は「鬼は動物の血が一番怖いんですよ。赤い血を見たら、ちっとも力が出なくなるんです」と、とても怖そうに小さくなりました。そして、鬼もおじいさんの怖いものが知りたくなりました。今度は鬼がおじいさんに聞きました。「じゃあ、おじいさんは世界で一番怖いものは何ですか」。すると、おじいさんは「私はお金が一番怖いんですよ。お金から逃げる[3]ために、こんな山の中に住んでいるんだよ」と答えました。次の日、おじいさんは町に行って、動物の血をいっぱい買ってきました。そして、その血を家の戸にぬっておきました。日が暮れて、鬼がまた遊びにきました。鬼は家に入ろうとしましたが、戸にある動物の血を見つけて、とてもおどろきました。そして急いで逃げて行きました。「もう二度と来ないだろうな」おじいさんはそれを見て安心しましたが、ちょっとさびしい気もしました。

낱말과 표현

ある 어떤 | **質問** 질문 | **動物** 동물 | **血** 피 | **赤い** 빨갛다 | **ちっとも~ない** 조금도 ~않다 | **力** 힘 | **出る** 나오다 | **小さい** 작다 | **今度** 이번, 이 다음 | **お金** 돈 | **逃げる** 도망치다 | **次の日** 다음 날 | **町** 마을 | **いっぱい** 가득 | **ぬる** 바르다 | **日が暮れる** 해가 지다 | **見つける** 발견하다 | **急ぐ** 서두르다 | **もう二度と** 두 번 다시 | **安心する** 안심하다 | **ちょっと** 조금

それから、また次の日、おじいさんが寝ようとしたときでした。急に鬼が家に入ってきました。そして「おじいさん、昨日はひどいことをしてくれたね。今日はおじいさんだ！」と鬼は大声を出しながら、お金を投げました。おじいさんの家はお金でいっぱいになりました。鬼はお金を全部投げると、消えてしまいました。鬼のおかげでおじいさんは大金持ちになりました。おじいさんは喜びましたが、でも、鬼には悪かった、と思いました。「ごめんなさい。友達の鬼くん。あんたは本当におもしろい友達だったんだけど…」

낱말과 표현

急に 급히 | 昨日 어제 | ひどい 심하다 | 今日 오늘 | 大声を出す 큰 소리를 내다 | 投げる 던지다 | 全部 전부 | 消える 사라지다 | ～のおかげで 덕분에 | 大金持ち 큰 부자 | 喜ぶ 기뻐하다 | 悪い 미안하다 | あんた 너, 당신 | 本当に 정말로

문형과 문법

초급 04 まとめましょう

01 ～はず (당연히) ～터임, ～할 것임

変だな。家に来る人はいないはずなのに。
이상하군. 집에 올 사람이 없을텐데.

당연한 일로서 예측하거나 이미 결정된 예정을 표현합니다.

- 木村さんは時間に厳しい人だから、もうすぐ来るはずです。
  기무라 씨는 시간에 엄격한 사람이니까 이제 곧 올 것입니다.
- ここのさしみは新鮮だから、おいしいはずです。
  여기 생선회는 신선하니까 맛있을 것입니다.
- 一生懸命勉強したから、合格するはずです。
  열심히 공부했으니까 합격할 것입니다.
- そんなこと、わかるはずがありません。
  그런 거 알 턱이 없습니다.

02 ～ようになる ～게 되다

鬼はよくおじいさんのところへ遊びに来るようになりました。
도깨비는 자주 할아버지 집으로 놀러 오게 되었습니다.

'전에는 하지 않았던 일을 지금은 하게 되었다'라는 의미입니다.

- 最近、日本のドラマを見るようになりました。
  최근 일본드라마를 보게 되었습니다.
- 自動車学校に通って、車の運転ができるようになりました。
  자동차학원에 다녀서 자동차 운전을 할 수 있게 되었습니다.
- 最近は、多くの人が日本語を勉強するようになりました。
  최근 많은 사람이 일본어를 공부하게 되었습니다.
- 一人暮らしをしてから、自分で料理を作るようになりました。
  혼자 생활하고 나서 스스로 요리하게 되었습니다.

03 ～ために　～위해서

お金(かね)から逃(に)げるために、こんな山(やま)の中(なか)に住(す)んでいるんだよ。

돈으로부터 도망치기 위해서 이런 산속에 살고 있는 거요.

동작의 목적을 나타냅니다. 접속은 동사의 기본형이나 명사＋の로 합니다.

⋯▸ 私(わたし)は大学(だいがく)に入(はい)るために、一生懸命勉強(いっしょうけんめいべんきょう)しています。

나는 대학에 들어가기 위해서 열심히 공부하고 있습니다.

⋯▸ 日本語(にほんご)の漢字(かんじ)を読(よ)むために、電子辞書(でんしじしょ)を買(か)いました。

일본어 한자를 읽기 위해 전자사전을 샀습니다.

⋯▸ 両親(りょうしん)は、子供(こども)のために働(はたら)きます。

부모님은 아이를 위해서 일합니다.

⋯▸ 研究(けんきゅう)のために、日本(にほん)へ来(き)ました。

연구를 위해 일본에 왔습니다.

확인 문제

초급 04 こたえましょう

1 おじいさんがしていた生活と違うのはどれですか。

① 深い深い山の中に住んでいた

② 人が多いところに住んでいた

③ 村から遠いところに住んでいた

④ 一人でさびしく住んでいた

2 おじいさんと鬼がしなかったのは何でしたか。

① おもしろい話をした

② 一緒に遊んだ

③ 歌を歌った

④ お酒を飲んだ

3 鬼が遊びに来るようになって、おじいさんの顔はどうなりましたか。

① 顔が鬼になった

② おもしろい顔になった

③ 怖い顔になった

④ 変わった顔になった

4 鬼が世界で一番怖いのは何ですか。

① お金

② うそ

③ 友達

④ 動物の血

5 おじいさんが世界で一番怖いのは何だと言いましたか。

① お金

② うそ

③ 友達

④ 動物の血

6 おじいさんはどうして鬼を家に入れましたか。

7 おじいさんと鬼はどんな関係になりましたか。

8 鬼は赤い血を見たらどうなると言いましたか。

9 おじいさんはどうして山の中に住んでいると言いましたか。

10 鬼のおかげでおじいさんはどうなりましたか。

중급 05

金の斧銀の斧

금도끼 은도끼

Track 05

ある日、貧しい木こりが森で木をカーンカーンと切っていました。「あー、のどが渇いたなあ。水を飲もう」と、木こりは泉の前で水を飲もうとした瞬間、腰にさげていた斧をドボーンと深い泉の中に落としてしまいました。「あっ！困ったな。仕事ができなくなってしまった。斧は一本しかないし、どうしよう…」木こりは泣きながら泉の前に立っていました。家で待っている母親[2]**のこと**を思ったら、もっと泣きたくなってきました。

낱말과 표현

金 금 | 斧 도끼 | 銀 은 | 貧しい 가난하다 | 木こり 나무꾼 | 森 숲 | カーンカーン 쿵쿵 | 切る 베다, 자르다 | のどが渇く 목이 마르다 | 飲む 마시다 | 泉 샘 | 瞬間 순간 | 腰にさげる 허리에 차다 | ドボーン 풍덩 | 深い 깊다 | 落とす 떨어뜨리다 | 困る 곤란하다 | 仕事 일 | 一本 한 개 | ～しかない ~밖에 없다 | 泣く 울다 | 立つ 서다, 서 있다 | 母親 어머니 | もっと 더, 더욱

すると、急に泉の中からプクプクという音[1]がしたので、見てみると、明るい光の中から神様が現れたのです。そして、驚いている木こりに神様が話しかけました。「木こりや、どうして泣いているのかね。訳を話してみなさい」。木こりは「斧を泉に落としてしまって、仕事ができなくて困っているのです」と答えました。「そうか。それはかわいそうに。私がさがしてあげるから、もう泣くのはやめなさい」。神様は木こりにそう言って、泉の中にスーッと消えていきました。それから少したって、神様が泉の中から現れました。手にはキラキラ光る金の斧を持って、木こりに言いました。「これがお前の斧かね」。木こりは「いいえ、違います。私の斧はそんなに光るよいものではありません」。すると、神様はまたプクプク白いあわを立てて、泉の中に消えていきました。

낱말과 표현

急に 갑자기 | プクプク 부글부글 | 音がする 소리가 나다 | 明るい 밝다 | 光 빛 | 神様 하느님, 산신령님 | 現れる 나타나다 | 驚く 놀라다 | 話しかける 말 걸다 | どうして 어째서 | 訳 이유, 사정 | かわいそうに 불쌍하게 | さがす 찾다 | やめる 그만두다 | スーッ 스윽 | 消える 사라지다 | たつ (시간이) 지나다 | 手 손 | キラキラ 반짝반짝 | 光る 빛나다 | お前 너, 자네 | 違う 다르다 | よい (질이) 좋다 | 白い 희다 | あわを立てる 거품을 내다

そして、今度は銀の斧を持って現れました。「これがお前の斧かね」「いいえ、違います。そんなに立派なものではありません」。また神様は消えていきました。３度目に、神様は鉄の斧を持って現れました。木こりは「あっ、それです。それです。私の落とした斧は」と言いました。すると、神様はにっこりと笑われて、「お前は本当に正直で、よい男だね。大変立派だ。ごほうびに金と銀の斧をあげよう」「はい、ありがとうございます。本当にありがとうございます」。木こりはとても喜びました。そして、神様はスーッと消えていきました。

낱말과 표현

立派だ 멋지다, 훌륭하다 | **鉄** 철 | **にっこり** 방긋 | **笑われる** 웃으시다 | **正直だ** 정직하다 | **よい** 바르다, 착하다 | **大変** 매우, 대단히 | **ごほうび** (포)상 | **あげる** 주다 | **喜ぶ** 기뻐하다

次の朝、木こりは不思議な泉の話を友達にしました。すると、欲の深い木こりはすぐに泉に出かけて行きました。「ここが金の斧をもらった泉だな。よーし、私もやってみよう」と、わざと持っていた斧をドボーンと泉の中に投げ入れました。すると、男が話した[3]とおり、神様がスーッと目の前に現れました。「どうしたのかね」と神様が言いました。「はい、大事な斧を泉に落としたのです。仕事ができ[4]ずに困っています」。それを聞いた神様は、泉の中に入っていき、キラキラ光る金の斧を持って出てきました。「これがお前の斧かね」。木こりは、「それです。それです。それが私の斧です」。しかし、神様は何も言わ[4]ずにスーッと消えていってしまいました。「神様～！」どんなに呼んでも、もう決して神様は現れませんでした。なぜなら、神様には、欲の深い木こりのうそがわかってしまったからです。欲が深い木こりは自分の斧までもなくしてしまいました。そして肩を落として、トボトボと家に帰って行きました。

낱말과 표현

不思議だ 신기하다, 이상하다 | **欲が深い** 욕심이 많다 | **すぐに** 바로, 즉시 | **出かける** 나가다 | **もらう** 받다 | **やってみる** 해 보다 | **わざと** 일부러 | **投げ入れる** 던져 넣다 | **大事** 소중함 | **どんなに** 아무리 | **呼ぶ** 부르다 | **決して** 결코, 절대로 | **なぜなら** 왜냐하면 | **うそ** 거짓말 | **わかる** 알다 | **自分** 자기 자신 | **なくす** 잃다, 없애다 | **肩を落とす** 어깨를 늘어뜨리다 | **トボトボ** 터벅터벅

01 ～がする　～가 나다(소리, 냄새 등)

すると、急に泉の中からプクプクという音がしたので、
그러자 갑자기 샘물 속에서 부글부글 소리가 나서,

'～을 느끼다', '～을 지각하다' 등 [감각에 대한 단어] + がする의 형태로 무언인가를 느낄 때 쓰는 표현입니다.

⋯▸ この牛乳は変なにおいがします。
이 우유는 이상한 냄새가 납니다.

⋯▸ 隣の部屋から子供の泣き声がしました。
옆 방에서 아이 울음소리가 났습니다.

⋯▸ 今度の試験は、難しい気がします。
이번 시험은 어려운 느낌이 듭니다.

⋯▸ あまり味がしないから、もっと塩を入れました。
그다지 맛이 나지 않아서 소금을 더 넣었습니다.

02 ～のこと　～의 일, ～의 것

家で待っている母親のことを思ったら、もっと泣きたくなってきました。 집에서 기다리고 있을 어머니의 일을 생각하면 더 울고 싶어졌습니다.

こと에는 여러 가지 뜻이 있는데 여기서는 '～에 관한 일'이라는 의미로 사용되었습니다.

⋯▸ 自分のことは、自分でしなければなりません。
자신에 관한 일은 스스로 해야 합니다.

⋯▸ 子供のことは、母親が一番よく知っているでしょう。
아이에 관한 일은 엄마가 가장 잘 알고 있겠죠.

⋯▸ 私はずっと前から、あなたのことが好きです。
나는 오래 전부터 당신을 좋아합니다.

03 ～とおり ～대로

すると、男(おとこ)が話(はな)したとおり、神様(かみさま)がスーッと目(め)の前(まえ)に現(あらわ)れました。
그러자 남자가 말한 대로 산신령님이 스윽 눈앞에 나타났습니다.

동사의 た형 + とおり의 형태로 '~한 대로'의 의미입니다.

…› 私(わたし)が先日(せんじつ)言(い)ったとおり、明日(あした)から小(しょう)テストがあります。
내가 요전 날 말한 대로 내일부터 쪽지시험이 있습니다.

…› 彼(かれ)が考(かんが)えたとおり、その計画(けいかく)は順調(じゅんちょう)に進(すす)みました。
그가 생각한 대로 그 계획은 순조롭게 진행되었습니다.

…› 発表(はっぴょう)したとおり、リストラが実施(じっし)されます。
발표한 대로 구조조정이 실시됩니다.

04 ～ずに ～않고

- 仕事(しごと)ができずに困(こま)っています。 일을 못 하게 되어 곤란합니다.
- しかし、神様(かみさま)は何(なに)も言(い)わずにスーッと消(き)えていってしまいました。 그러나 산신령님은 아무 말도 하지 않고 스윽 사라져 버렸습니다.

～ないで와 같은 의미입니다. '~하지 않고'의 의미입니다.
동사의 ない형 + ずに로 접속됩니다만, 단 する는 せず로 변합니다.

…› 昨日(きのう)から何(なに)も食(た)べずに、自分(じぶん)の部屋(へや)で寝(ね)ています。
어제부터 아무것도 먹지 않고 자기 방에서 자고 있습니다.

…› こんなはげしい雨(あめ)の中(なか)を、傘(かさ)もささずに走(はし)って行(い)きました。
이런 심한 빗속을 우산도 쓰지 않고 달려갔습니다.

…› 運動(うんどう)せずに、お酒(さけ)ばかり飲(の)んでいると、体(からだ)によくありません。
운동하지 않고 술만 마시고 있으면 몸에 좋지 않아요.

확인 문제

중급 05 こたえましょう

1 貧しい木こりはどうして斧を落としてしまったのですか。

① 泉の水を飲んだから

② のどが渇いたから

③ 斧を腰にさげていたから

④ 木を切ったから

2 貧しい木こりが泣いた理由と違うのはどれですか。

① 仕事ができなくなったから

② 斧が一本しかないから

③ 家で待っている母親のことを考えたから

④ 神様が現れたから

3 神様が持って来なかったのはどれですか。

① 銅の斧

② 鉄の斧

③ 金の斧

④ 銀の斧

4 欲の深い木こりは話を聞いてどうしましたか。

① 貧しい木こりの金の斧を取った

② 泉に行って水を飲んだ

③ 持っていた斧を泉に投げ入れた

④ 森に行って木を切った

5 神様が欲の深い木こりにしたことは何ですか。

① 何も言わずにスーッと消えた

② 金の斧を木こりにあげた

③ 銀の斧を持ってきた

④ 木こりに呼ばれてまた現れた

6 泣いていた貧しい木こりに神様は何と言いましたか。

7 神様はどうして貧しい木こりに金と銀の斧をあげましたか。

8 欲の深い木こりはどうして泉に出かけて行きましたか。

9 神様は、どうして欲の深い木こりに何もあげませんでしたか。

10 欲の深い木こりはどうなりましたか。

중급 06

天女(てんにょ)と木(き)こり

선녀와 나무꾼

Track 06

昔々(むかしむかし)、金剛山(クンガンサン)のふもとに木(き)こりが住(す)んでいました。家(いえ)は貧(まず)しかったのですが、木(き)こりは真面目(まじめ)な人(ひと)で、年(とし)をとったお母(かあ)さんをとても大切(たいせつ)にしていました。ある日(ひ)の午後(ごご)のことです。その日(ひ)も木(き)こりは昼寝(ひるね)もせずに、山(やま)にたきぎを取(と)りに行(い)きました。「今日(きょう)はよく働(はたら)いたな。これを売(う)ったら、お母(かあ)さんの大好(だいす)きなアメを買(か)ってあげられる」と、木(き)こりはにっこり笑(わら)いながら、せっせとたきぎを積(つ)みました。その時(とき)です。突然(とつぜん)、一頭(いっとう)の鹿(しか)が息(いき)を荒(あら)くして走(はし)ってきて、木(き)こりの前(まえ)に立(た)ちました。「助(たす)けてください。猟師(りょうし)に追(お)われています」と、鹿(しか)はポロポロと涙(なみだ)を流(なが)しながら助(たす)けを求(もと)めました。「あの、こちらに鹿(しか)が走(はし)ってきませんでしたか」と、やはり大(おお)きく息(いき)をしながら、猟師(りょうし)がやってきました。しかし、すでに木(き)こりが鹿(しか)をたきぎの山(やま)の中(なか)に隠(かく)した後(あと)でした。「あちらの方(ほう)に行(い)ったようでしたよ」と、木(き)こりは森(もり)の奥(おく)の方(ほう)を見(み)ました。すると、猟師(りょうし)は慌(あわ)てて山(やま)の方(ほう)へ消(き)えていきました。

낱말과 표현

天女 선녀 | 木こり 나무꾼 | 金剛山 금강산 | ふもと 기슭 | 貧しい 가난하다 | 真面目だ 성실하다 | 年をとる 나이를 먹다 | 大切にする 소중히 대하다 | 午後 오후 | 昼寝 낮잠 | たきぎ 땔감 | 働く 일하다 | 売る 팔다 | 大好きだ 매우 좋아하다 | アメ 엿 | にっこり 빙그레 | 笑う 웃다 | せっせと 부지런히 | 積む 쌓다 | 突然 갑자기 | 一頭 한 마리 | 鹿 사슴 | 息 숨 | 荒い 거칠다 | 猟師 사냥꾼 | 追われる 쫓기다 | ポロポロ 뚝뚝 | 涙を流す 눈물을 흘리다 | 助けを求める 도움을 구하다 | やはり 역시, 마찬가지로 | すでに 이미 | 隠す 숨기다 | 方 방향, 쪽 | 森 숲 | 奥 안, 속 | 慌てる 당황하다, 몹시 서두르다 | 消える 사라지다

命を助けられた鹿は、木こりに何度も何度もお辞儀をしました。そして、助けてもらったお礼に、木こりに天女達がお風呂に入る池を教えてくれました。「天女の羽衣を一枚、こっそり隠しなさい。天女に子供が四人生まれるまでは、天女に隠した羽衣を絶対に見せ[1]てはいけませんよ。必ず私が言ったとおりにしてください」と、鹿が言いました。夜になりました。木こりは鹿から教えてもらった池に行ってみました。すると、やはり池では天女達がお風呂に入っていました。木の下でそれをこっそりと見ていた木こりは、天女達が脱いだ羽衣を一枚取ると、すぐにそれを隠してしまいました。やがて夜が更けて、天女達は一人、二人と、次々に羽衣を着て、天に昇っていきました。しかし、羽衣をなくした天女はたった一人残されて、困ってしまいました。天女はとても悲しんでいましたが、どうすることもできません。

낱말과 표현

命 목숨 | 何度も 몇 번이나 | お辞儀をする 절을 하다, 인사하다 | お礼 사례 | お風呂に入る 목욕하다 | 池 연못 | 教える 가르치다 | 羽衣 날개 옷 | 一枚 한 장, 한 벌 | こっそり 살짝 | 生まれる 태어나다 | 絶対に 절대로 | 見せる 보여 주다 | 必ず 반드시 | とおり ~대로 | 脱ぐ 벗다 | やがて 마침내 | 夜が更ける 밤이 깊어지다 | 次々に 차례로 | 着る (옷을) 입다 | 天 하늘 | 昇る 올라가다 | なくす 잃다, 분실하다 | たった 오직, 단지 | 残される 남겨지다 | 困る 곤란하다 | 悲しむ 슬퍼하다

こうして、羽衣をなくした天女は木こりの奥さんになりました。木こりと天女の間には子供も生まれて、幸せに暮らしました。しかし、天女はどうしても天のことが忘れられません。もう天へは戻れないと思うと悲しくて、泣いてばかりいました。木こりはそんな天女を見る度に、胸が痛くなりました。そして、人のいい木こりは鹿の言葉も忘れて、とうとう天女に羽衣を見せてしまったのでした。「あっ、私の羽衣！」天女は羽衣を抱えて喜びました。羽衣を一度着てみたい、と天女は言いました。そして、羽衣を着ると、そのまま子供を連れて、天へ昇っていってしまいました。天女と子供がいなくなった家は本当にさびしくなりました。木こりは毎日、空を見上げて過ごしました。余りにも悲しくて、たきぎを取りに行く気にもなりませんでした。

낱말과 표현

こうして 이렇게 해서 | 奥さん 아내 | 間 사이 | 幸せに 행복하게 | 暮らす 살다 | どうしても 아무리 해도 | 忘れる 잊다 | 戻る 되돌아가다 | 悲しい 슬프다 | 泣く 울다 | ～度に ~때마다 | 胸 가슴 | 痛い 아프다 | とうとう 결국 | 抱える 안다 | 喜ぶ 기뻐하다 | そのまま 그대로 | 連れる 데리고 가다 | さびしい 쓸쓸하다 | 空 하늘 | 見上げる 올려 보다 | 過ごす 지내다 | 余りにも 너무나도 | 気 마음, 기분

ある日、あの鹿が再び木こりの前に現れました。「満月の夜になると、天から池の水を汲みにつるべが下りてきます。それに乗って、天に行きなさい」と言いました。満月の夜、木こりはあの池へ行き、天から下りてきたつるべに乗りました。そして、天に昇った木こりはようやく天女と子供に会うことができました。何の不安もない天で、木こりは夢のようなひとときを過ごしました。しかし、木こりは本当に幸せだったのでしょうか。毎日少しずつ木こりの表情は暗くなり、元気がなくなってしまいました。天女はその様子を見て「地上にいるお母さんのことが心配なんでしょう」と木こりに言い、天馬を一頭くれたのでした。そしてこう続けました。「この馬があなたを家まで連れていってくれるでしょう。でも決して馬から降りてはいけません。足が地面についたら、もう二度と天には戻れません」。木こりはお母さんの顔が見られると喜んで、すぐに天馬に飛び乗りました。

낱말과 표현

再び 다시 | 満月 보름달 | 汲む (물 등을) 긷다, 푸다 | つるべ 두레박 | 下りる 내리다, 내려오다 | ～に乗る ~에 타다 | ようやく 간신히, 가까스로 | 不安 불안 | 夢 꿈 | ひととき 한때 | 少しずつ 조금씩 | 表情 표정 | 暗い 어둡다 | 元気 기력, 기운 | なくなる 없어지다 | 様子 상황, 모양 | 地上 지상 | 心配 근심, 걱정 | 天馬 천마, 날개 달린 말 | 続ける 계속하다 | 馬 말 | 決して 결코, 절대로 | 降りる (탈것 등에서) 내리다 | 地面 지면 | つく 닿다, 접촉하다 | 飛び乗る 뛰어올라타다

そして、木こりが家へ戻ると、お母さんは木こりの顔を見て、死んだ息子が生き返ってきたと本当に喜びました。しかし、お母さんの顔を見るだけで、馬から降りることができない木こりは「お母さん、私はもう帰らなければいけません」と本当に悲しそうに言いました。お母さんは「ちょっと待っていなさい。お前の好きなかぼちゃのおかゆを作ってあげるから、それだけでも食べていきなさい」と言って、すぐにおかゆを作ってくれました。木こりは馬に乗っ
[2]たまま、そのおかゆを食べていましたが、急におかゆの食器を下に落としてしまいました。すると、馬がびっくりして飛び上がっ
[3]たとたん、木こりは地面に叩きつけられたのです。馬はブルブルと震え、空にかけ上がっていきました。それからずっと、木こりはあの時の鹿が再び現れないかと待っていました。しかし、もう二度と鹿が現れることはありませんでした。永遠に天へ戻れなくなった木こりは、毎日天女と子供を思い出しながら、ずっと空を見上げていました。

낱말과 표현

死ぬ 죽다 | **息子** 아들 | **生き返る** 살아 돌아오다 | **かぼちゃのおかゆ** 호박죽 | **急に** 갑자기 | **食器** 식기 | **落とす** 떨어뜨리다 | **びっくりする** 깜짝 놀라다 | **飛び上がる** 뛰어오르다, 펄쩍 뛰다 | **叩きつけられる** 내동댕이쳐지다 | **ブルブル** 부들부들 | **震える** 떨다 | **かけ上がる** 뛰어 올라가다 | **ずっと** 계속, 쭉 | **永遠に** 영원히 | **思い出す** 생각하다, 떠올리다

01 ～てはいけない ～해서는 안 된다

天女に子供が四人生まれるまでは、天女に隠した羽衣を絶対に見せてはいけませんよ。

선녀에게 아이가 4명 태어날 때까지는 선녀에게 숨긴 날개옷을 절대로 보여 주어서는 안 됩니다.

금지 표현으로 '～해서는 안 된다'입니다. 동사의 て형 + はいけない로 접속합니다.

…› ラッシュ時、電車に駆け込んではいけません。

러시아워일 때 전차에 뛰어들어 타서는 안 됩니다.

…› お酒を飲んで車を運転してはいけません。

술을 마시고 차를 운전해서는 안 됩니다.

…› 試験の時、遅刻してはいけません。

시험을 볼 때 지각해서는 안 됩니다.

02 ～たまま ～한 채

木こりは馬に乗ったまま、そのおかゆを食べていましたが、急におかゆの食器を下に落としてしまいました。

나무꾼은 말에 올라탄 채, 그 죽을 먹었지만 갑자기 죽 그릇을 아래로 떨어뜨려 버렸습니다.

변하지 않고 상태가 계속되는 것을 나타냅니다. '～한 채, ～(그)대로'의 의미입니다.
접속은 동사의 た형 + まま, 명사 + の + まま입니다.

…› 電気をつけたまま、外出してはいけません。

전기를 켜둔 채 외출해서는 안 됩니다.

…› 電車が混んでいて、1時間も立ったまま新宿まで来ました。

전철이 붐벼서 1시간이나 선 채 신주쿠까지 왔습니다.

…› 夕べは疲れたので、服を着たまま寝てしまいました。

어젯밤 피곤했기 때문에 옷을 입은 채 자 버렸습니다.

···▸ １０年ぶりに会った彼女は昔のままでした。
10년 만에 만난 그녀는 옛모습 그대로였습니다.

···▸ ありのままの姿を見せてください。
있는 그대로의 모습을 보여 주세요.

03 ～たとたん ～한 순간, ～하자마자

すると、馬がびっくりして飛び上がったとたん、木こりは地面に叩きつけられたのです。
그러자 말이 놀라서 펄쩍 뛰어오른 순간, 나무꾼은 땅바닥으로 내동댕이쳐졌습니다.

'~한 순간'이라는 뜻으로 앞의 동작을 했더니 바로 그 순간 뒤의 동작이 일어났다라는 것을 표현합니다. 갑자기 혹은 돌연의 의미가 있습니다.

···▸ 家に着いたとたん、雨が降ってきました。
집에 도착한 순간 비가 내렸습니다.

···▸ 彼からの手紙を見たとたん、彼女は泣き出しました。
그에게 온 편지를 본 순간 그녀는 울기 시작했습니다.

···▸ ドアを開けたとたん、猫が外へ逃げました。
문을 연 순간 고양이가 밖으로 도망쳤습니다.

확인 문제

중급 06 こたえましょう

1 この木(き)こりと違(ちが)うのはどれですか。

① 真面目(まじめ)な木(き)こり

② 人(ひと)がいい木(き)こり

③ お母(かあ)さんを大切(たいせつ)にする木(き)こり

④ よく昼寝(ひるね)をする木(き)こり

2 木(き)こりに助(たす)けられた鹿(しか)はどうしましたか。

① 息(いき)を荒(あら)くして走(はし)った

② たきぎの山(やま)の中(なか)に隠(かく)れた

③ 天女(てんにょ)がお風呂(ふろ)に入(はい)る池(いけ)を教(おし)えた

④ 天(てん)へ昇(のぼ)っていった

3 鹿(しか)が木(き)こりに言(い)わなかったのはどれですか。

① 天女(てんにょ)の羽衣(はごろも)を一枚(いちまい)こっそり隠(かく)すこと

② 天女(てんにょ)に子供(こども)が四人(よにん)生(う)まれたら羽衣(はごろも)を見(み)せること

③ 天女(てんにょ)がお風呂(ふろ)に入(はい)る池(いけ)のこと

④ つるべに乗(の)って天(てん)に行(い)くこと

4 天女(てんにょ)が木(き)こりにくれたのは何(なん)ですか。

① つるべ

② 天馬(てんま)

③ 羽衣(はごろも)

④ かぼちゃのおかゆ

5 どうして木こりは天へ戻れなくなりましたか。

① かぼちゃのおかゆを食べたから
② 天馬から降りてしまったから
③ 羽衣をなくしたから
④ お母さんの顔を見たから

6 鹿はどうして木こりに助けを求めましたか。

7 羽衣をなくした天女はどうなりましたか。

8 天女はどうして泣いてばかりいましたか。

9 木こりはどうして天女に羽衣を見せてしまいましたか。

10 天へ戻れなくなった木こりはどうなりましたか。

중급 07

孝女沈清（こうじょシンチョン）

효녀 심청

Track 07

あるところに、お父さんと一人の女の子がいました。お父さんは目が見えませんでした。「まだ小さいのにかわいそうだね」。今日もお父さんは、小さい娘の沈清を抱いて、村のおばさん達からお乳をもらって飲ませました。もらい乳で育った沈清は元気に育ちました。沈清は大きくなり、とても心の美しい娘になりました。毎日一生懸命に働いて、父親を助けました。そんなある日、お父さんは隣の村に働きに出かけた沈清を迎えに出かけました。川の側を歩いている時でした。突然足を滑らせてしまい、川にドボーンと落ちてしまいました。「助けてくれ！」とお父さんは叫びました。運良く、ちょうど通りかかったお坊さんがその姿を見て、お父さんを助けてくれました。お父さんはお坊さんに何度もお礼を言いました。すると、お坊さんは「お釈迦様に米３００石を差し上げたら、目が開いて見えるようになるのに…」と言いました。それを聞いて、お父さんは米３００石を渡す約束をしてしまいました。

낱말과 표현

孝女 효녀 | **かわいそうだ** 불쌍하다 | **抱く** 안다 | **村のおばさん達** 마을 아주머니들 | **お乳をもらう** 젖을 얻다 | **飲ませる** 마시게 하다, 먹게 하다 | **もらい乳** 젖 동냥 | **育つ** 자라다, 성장하다 | **美しい** 아름답다 | **娘** 딸, 처녀 | **働く** 일하다 | **父親** 아버지 | **助ける** 돕다 | **隣の村** 이웃마을 | **迎える** 맞이하다 | **側** 옆, 근처 | **突然** 갑자기 | **足を滑らせる** 발을 헛디디다 | **落ちる** 떨어지다 | **叫ぶ** 외치다 | **運良く** 운 좋게 | **ちょうど** 마침 | **通りかかる** 우연히 그 곳을 지나가다 | **お坊さん** 스님 | **姿** 모습 | **お礼を言う** 감사의 인사를 하다 | **お釈迦様** 부처님 | **米** 쌀 | **差し上げる** 바치다 | **目が開く** 눈이 떠지다 | **渡す** 건네다 | **約束** 약속

その日の夕方、お父さんはご飯を一口も食べずに、ため息ばかりついていました。「どうやって米３００石を準備したらいいんだろうか…。頭がおかしくなりそうだ」。その姿を見ていた沈清が心配そうに言いました。「お父さん、どうしたの。私に訳を話してください」。お父さんは沈清に昼間にあった事を全て話しました。「お父さん、心配しないでください。お父さんの目[1]さえ見えるなら、私が何とかしてみます」と沈清が言いました。「こんなにたくさんの米をお前にどうやって準備できるのか…」と、お父さんはさらに大きなため息をつきました。

낱말과 표현

夕方 저녁때 | 一口 한입 | ため息をつく 한숨을 쉬다 | ばかり ~만, ~뿐 | どうやって 어떻게 해서 | 準備する 준비하다 | おかしい 이상하다 | 心配そうに 걱정스럽게 | 訳 이유, 사정 | 昼間 낮 | 全て 전부 | 何とか 어떻게든 | さらに 더욱더

次の日、沈清は井戸に水を汲みに行きました。村のおばさん達はおしゃべりに花を咲かせていました。「船乗り達が海にいけにえとして差し上げる娘をさがしているそうだよ」「船が無事に戻ってこられるように、と龍王様に差し上げるそうだよ」「でも、米３００石と命を交換する[2]なんて誰ができる」。米３００石という言葉に耳がピーンときた沈清は、すぐに船乗りを訪ねて行きました。沈清は船乗り達に言いました。「私のお父さんの目が見えるように、米３００石が必要なんです。だから、私をすぐに連れていってください」と、沈清の親孝行の気持ちに船乗り達はとても感激しました。

낱말과 표현

井戸 우물 | 汲む (물을) 긷다, 푸다 | おしゃべりに花を咲かせる 이야기 꽃을 피우다 | 船乗り 뱃사람 | いけにえ 산 제물, 희생 | さがす 찾다 | 船 배 | 無事に 무사하게 | 龍王様 용왕님 | 命 생명 | 交換する 교환하다 | 訪ねる 방문하다 | ~ために ~위해서 | 必要 필요함 | 連れる 데리고 가다 | 親孝行の気持ち 효심 | 感激する 감격하다

そして、とうとう沈清が出発する日になりました。「清や、だめだよ。お前がいなくなって、どうして私が生きていけるのか。」と、お父さんは人の目も気にせず泣きました。「お父さん、どうか長くいつまでも生きてください。」と、沈清も泣きながら船に乗りました。それを聞いて、村人達も悲しくて一緒に泣きました。沈清を乗せた船は海へ向かって出発し、やがて、印塘水に着きました。すると、急に冷たい風が吹き、波も荒れてきました。「どうかお父さんの目がすぐに見えるようにしてください！」と、沈清はスカートをつかんで、ドボーンと冷たい海の中に[3]飛び込みました。冷たい海は沈清を一口で[3]飲み込みました。少し経つと、海は再び静かになりました。「あら、ここはどこかしら」。沈清が目を開けてみると、そこは深い深い海の中の龍宮でした。いつの間にか龍宮の女が現れて、沈清を龍王様のところに連れていきました。「お前の親孝行の心に感激した。だから、再びお前を陸の上の世界へ送ってあげよう。そして、もう一度お父さんに会いなさい」

낱말과 표현

出発する 출발하다 | **だめ** 안 됨 | **生きる** 살다 | **気にせず** 신경 쓰지 않고 | **泣く** 울다 | **どうか** 부디, 제발 | **いつまでも** 언제까지나 | **村人** 마을 사람 | **悲しい** 슬프다 | **乗せる** 태우다 | **海** 바다 | **向かう** 향하다, 떠나다 | **やがて** 마침내 | **印塘水** 인당수 | **着く** 닿다, 도착하다 | **急に** 갑자기 | **冷たい** 차갑다 | **風が吹く** 바람이 불다 | **波** 파도 | **荒れる** (날씨 등이) 험해지다 | **スカート** 치마 | **つかむ** 붙잡다 | **飛び込む** 뛰어들다 | **飲み込む** 삼키다 | **経つ** (시간이) 지나다 | **再び** 다시 | **目を開ける** 눈을 뜨다 | **深い** 깊다 | **龍宮** 용궁 | **いつの間にか** 어느 사이엔가 | **現れる** 나타나다 | **陸の上の世界** 지상의 세계 | **送る** 보내다

そうして、沈清はとても美しい蓮の花に乗り、海の上を流れて行きました。「うわ〜、海にこんなに大きな蓮の花が咲くなんて！」蓮の花を見つけた船乗り達は、その蓮の花を取って、王様に差し上げました。「ほほう、本当に不思議な花だな！」と、王様はとても喜んで、蓮の花の傍らに行くと、花びらが静かに開きました。そして、花の中からかわいい娘が現れました。それは何と沈清でした。王様は美しくて賢い沈清を妻にしました。しかし、王女になった沈清はいつもお父さんのことばかり考えていました。「王女や、何か心配事でもあるのか」と、王様に聞かれたので、沈清はお父さんの話をしました。王様はその話を聞いて、宮廷で目が見えない人達のために祝い事をすることにしました。この村、あの村という、全ての目の見えない人が宮廷に集まるようになりました。しかし、お父さんの姿は見えませんでした。「お父さんはどうして来ないのだろう。もう目は見えるのかしら」と、毎日宮廷に集まってくる人達の中でお父さんの姿を一生懸命さがしまし

낱말과 표현

蓮の花 연꽃 | **流れる** 흘러가다, 떠내려가다 | **取る** 꺾다 | **王様** 임금님, 왕 | **不思議** 신기함, 이상함 | **傍ら** 곁, 옆 | **花びら** 꽃잎 | **賢い** 현명하다 | **妻にする** 아내로 삼다 | **心配事** 걱정, 근심 | **聞かれる** 질문 받다 | **宮廷** 궁정, 왕궁 | **祝い事をする** 축하(잔치)를 하다 | **集まる** 모이다

た。

　そして、とうとう祝(いわ)い事(ごと)の最終日(さいしゅうび)になりました。貧(まず)しい姿(すがた)のお父(とう)さんが、ついに宮廷(きゅうてい)に現(あらわ)れました。沈清(シンチョン)は一目(ひとめ)でお父(とう)さんを見(み)つけました。「お父(とう)さん、まだ目(め)が見(み)えないの。私(わたし)よ、沈清(シンチョン)ですよ！」と、沈清(シンチョン)はお父(とう)さんの袖(そで)をつかんで叫(さけ)びました。「何(なん)だって。私(わたし)の娘(むすめ)の清(チョン)だって」と、驚(おどろ)いたお父(とう)さんは清(チョン)の顔(かお)に触(さわ)りました。「どれ、私(わたし)の娘(むすめ)の顔(かお)をちょっと見(み)てみよう。沈清(シンチョン)や！」と、お父(とう)さんは閉(と)じたままの目(め)をキョロキョロと動(うご)かしてみました。するとどうでしょう。お父(とう)さんの目(め)がパーと開(ひら)いたのです。「見(み)える！見(み)える！沈清(シンチョン)や、お前(まえ)の姿(すがた)が見(み)える！」と、お父(とう)さんは沈清(シンチョン)を抱(だ)いて、涙(なみだ)を流(なが)しました。とても嬉(うれ)しそうな清(チョン)を見(み)て、王様(おうさま)も共(とも)に喜(よろこ)びました。それから、沈清(シンチョン)はお父(とう)さんと一緒(いっしょ)にいつまでも幸(しあわ)せに暮(く)らしました。

낱말과 표현

とうとう 결국 | **最終日** 마지막 날 | **貧しい** 가난하다 | **ついに** 마침내 | **一目で** 한눈에 | **見つける** 찾다, 발견하다 | **袖** 소매 | **驚く** 놀라다 | **触る** 만지다 | **閉じる** (눈을)감다 | **キョロキョロ** 홀금홀금 | **動かす** 움직이다 | **涙を流す** 눈물을 흘리다 | **嬉しい** 기쁘다 | **共に** 함께 | **喜ぶ** 기뻐하다 | **幸せに** 행복하게 | **暮らす** 살다

01 ～さえ ～만, ～조차

お父(とう)さんの目(め)さえ見(み)えるなら、私(わたし)が何(なん)とかしてみます。
아버지의 눈만 뜨실 수 있다면 제가 어떻게든 해 볼게요.

최저한의 의미를 강조하기 위해 さえ를 사용합니다. ～さえ + 가정표현으로 '~만 ~하면'이라는 용법도 있습니다. さえ를 대신해서 でさえ를 사용할 수도 있습니다.

…› これさえあれば、他(ほか)のものは要(い)りません。
이것만 있으면 다른 것은 필요 없습니다.

…› 日本語(にほんご)で自分(じぶん)の名前(なまえ)さえ書(か)けないとは、本当(ほんとう)に情(なさ)けない。
일본어로 자신의 이름조차 쓸 수 없다니 정말로 한심하다.

…› お金(かね)さえあれば、何(なん)でも買(か)えます。 돈만 있으면 뭐든지 살 수 있습니다.

…› 最近(さいきん)のパソコンは子供(こども)でさえできる簡単(かんたん)なものです。
최근의 컴퓨터는 아이조차도 할 수 있는 간단한 것입니다.

02 ～なんて ～다니, ～라니

でも、米(こめ)３００石(さんびゃっこく)と命(いのち)を交換(こうかん)するなんて誰(だれ)ができる。
하지만 쌀 300석과 목숨을 교환한다니 누가 할 수 있겠어?

문장 끝에 사용하는 なんて는 말한 내용에 대한 놀람, 불만이나 어의없음, 기쁨 등을 '믿을 수 없다'라는 심정으로 표현하는 말로, 회화체 표현입니다.

…› 私(わたし)のような素人(しろうと)にその仕事(しごと)ができるなんて、あり得(え)ません。
나와 같은 아마추어가 그 일을 할 수 있을 리가, 있을 수 없어요.

…› あまり勉強(べんきょう)しなかったから、合格(ごうかく)なんてできないよ。
그다지 공부하지 않았으니까, 합격이라니 불가능해.

…› 普通(ふつう)のサラリーマンが都会(とかい)で家(いえ)なんて、買(か)えない。
보통의 월급쟁이가 도시에 집이라니, 살 수 없어.

03 ～込(こ)む ～안으로 들어가다

沈清(シンチョン)はスカートをつかんで、ドボーンと冷(つめ)たい海(うみ)の中(なか)に飛(と)び込(こ)みました。冷(つめ)たい海(うみ)は沈清(シンチョン)を一口(ひとくち)で飲(の)み込(こ)みました。

심청은 치마를 움켜지고, 풍덩 차가운 바닷속으로 뛰어들었습니다. 차가운 바다는 심청을 한입에 집어삼켰습니다.

込(こ)む 동사는 다른 동사와 함께 접속해서 복합동사로 많이 사용됩니다.

1) '어떤 것, 곳의 안으로 넣다'의 의미

…▸ 朝(あさ)の空気(くうき)を胸一杯(むねいっぱい)に吸(す)い込(こ)みました。
아침 공기를 가슴 한가득 들이마셨습니다.

…▸ くいを土(つち)に叩(たた)き込(こ)みました。
말뚝을 땅에 박았습니다.

2) '어떤 것, 곳의 안으로 들어가다'의 의미

…▸ 少年(しょうねん)は海(うみ)に潜(もぐ)り込(こ)みました。
소년은 바다로 잠수해 들어갔습니다.

…▸ 遅刻(ちこく)したので、教室(きょうしつ)に駆(か)け込(こ)みました。
지각했기 때문에 교실로 뛰어들어갔습니다.

3) '어느 정도의 상태가 될 때까지 ~하다'는 의미

…▸ 賃金(ちんぎん)を上(あ)げるために、社員達(しゃいんたち)は座(すわ)り込(こ)んでいます。
임금을 올리기 위해 사원들은 농성 중입니다.

…▸ 外(そと)で遊(あそ)んだので、冷(ひ)え込(こ)んだ体(からだ)をストーブで暖(あたた)めました。
밖에서 놀았기 때문에 차가워진 몸을 난로로 녹였습니다.

확인 문제

중급 07 こたえましょう

1 「まだ小さいのにかわいそうだね」と言ったのは誰でしたか。

① お父さん

② 村のおばさん達

③ お坊さん

④ お釈迦様

2 川に落ちたお父さんを助けたのは誰でしたか。

① 村のおばさん達

② 沈清

③ お坊さん

④ 船乗り

3 船乗り達は何のために娘をさがしましたか。

① 米３００石と交換するため

② 龍王様の嫁にするために

③ 海にいけにえとして差し上げるために

④ 龍宮に行くために

4 龍王様に会った後、沈清がなったのは何ですか。

① 美しい蓮の花

② 龍王様の娘

③ いけにえ

④ 王様の妻

5 王様(おうさま)が宮廷(きゅうてい)に集(あつ)めたのは誰(だれ)でしたか。

① 目(め)の見(み)えない人(ひと)

② 船乗(ふなの)り達(たち)

③ 村(むら)のおばさん達(たち)

④ 龍宮(りゅうぐう)の女(おんな)

6 お父(とう)さんはどうして隣(となり)の村(むら)に行(い)きましたか。

7 お坊(ぼう)さんはお父(とう)さんに何(なん)と言(い)いましたか。

8 船乗(ふなの)り達(たち)は何(なに)に感激(かんげき)しましたか。

9 印塘水(インダンス)に着(つ)いた沈清(シンチョン)はどうしましたか。

10 宮廷(きゅうてい)で沈清(シンチョン)に会(あ)った後(あと)、お父(とう)さんの目(め)はどうなりましたか。

고급 08

コンジパッジ

콩쥐 팥쥐

Track 08

昔々、あるところにコンジという心の優しい少女が住んでいました。コンジのお母さんはコンジが赤ちゃんの時に亡くなり、コンジはお父さんと二人で住んでいました。コンジが１４才になった時、お父さんは新しい妻を迎えました。新しい母はコンジより一才年下のパッジという娘を連れてきました。新しい母とパッジはとても性格が悪く、二人はコンジをいじめました。それからしばらくして、お父さんも病気で亡くなってしまいました。すると、新しい母は以前[1]にもまして、コンジをいじめるようになりました。コンジは朝早くから夜まで一日中、休む間もなく働かされました。

낱말과 표현

心 마음 | 優しい 상냥하다 | 少女 소녀 | 赤ちゃん 아기 | 亡くなる 죽다 | 新しい 새롭다 | 妻 아내 | 迎える 맞이하다 | 一才年下 한 살 아래 | 娘 딸 | 性格 성격 | 悪い 나쁘다, 옳지 않다 | いじめる 괴롭히다, 못 살게 굴다 | しばらくして 잠시 지나서 | 病気 병 | 以前 이전 | 一日中 온종일 | 休む間 쉴 틈 | 働かされる 혹사당하다, 일하게 되다

ある日、新しい母がコンジとパッジを呼んで言いました。「今日、コンジは石[2]だらけの畑を耕しなさい。パッジは砂畑を耕しなさい」と、コンジに木のくわを、パッジには銅のくわを与えました。「今日中に全て耕しなさい！」と言いました。コンジは一生懸命に畑を耕しました。しかし、木のくわは石に当たってすぐに壊れてしまいました。「どうしよう…」と、コンジは座り込んで、ワンワン泣き出しました。新しい母の怒る姿が目に浮かびました。その時、どこからか一頭の牛が現れました。「コンジお嬢さん、私が手伝ってあげるから、木の下に行って休みなさい」と言い、牛はあっという間に畑を耕して消えてしまいました。コンジがやっと家に帰ると、新しい母とパッジはおいしいおもちを食べていました。「お前の妹はもうとっくに終わっているのに、お前はどうしてこんなに遅く帰って来るの」と、コンジは新しい母に怒られて、夕食も食べさせてもらえませんでした。

낱말과 표현

呼ぶ 부르다 | 石 돌 | 畑 밭 | 耕す 갈다, 경작하다 | 砂畑 모래밭 | くわ 괭이 | 銅 구리 | 与える 주다 | 全て 전부 | 当たる 닿다, 부딪히다 | 壊れる 부서지다, 망가지다 | 座り込む 주저앉다 | ワンワン 엉엉 | 泣き出す 울기 시작하다 | 怒る 화내다 | 姿 모습 | 目に浮かぶ 눈에 선하다 | 牛 소 | 現れる 나타나다 | お嬢さん 아가씨 | 手伝う 돕다, 거들다 | あっという間に 눈 깜짝할 사이에 | 消える 사라지다 | やっと 간신히, 겨우 | おもち 떡 | とっくに 훨씬 전에 | 遅い 늦다 | 夕食 저녁밥

次の日、隣の村でお祭りが開かれました。新しい母はパッジを連れて家を出て、「コンジや、私達はお祭りに先に行っているから、お前は水がめに水をいっぱいに汲んで、米を搗いて、糸で布を作っておきなさい」と言いました。それを聞いたコンジはため息をつきました。コンジは一生懸命水を汲んで、水がめに入れました。しかし、おかしなことに水が少しもたまりません。コンジが水がめの中を見てみると、水がめの底が割れていたのでした。コンジはがっくりして、ワンワン泣き出しました。すると、今度はどこからか一匹のがまがえるが現れました。「コンジお嬢さん、私が水がめの底を塞いであげるから、さあ、早く水を汲みなさい」と、がまがえるが水がめの中に入りました。コンジはがまがえる[3]のおかげで、すぐに水がめに水をためることができました。

낱말과 표현

隣の村 이웃마을 | **お祭り** 잔치, 축제 | **開かれる** 열리다 | **先に** 먼저 | **水がめ** 물항아리 | **いっぱい** 가득 | **汲む** (물을) 긷다, 푸다 | **米を搗く** 쌀을 찧다 | **糸** 실 | **布** 천, 무명 | **ため息をつく** 한숨을 쉬다 | **入れる** 넣다 | **おかしな** 이상한 | **たまる** 모이다 | **底が割れる** 바닥이 깨지다, 금가다 | **がっくりする** 상심하다, 낙심하다 | **がまがえる** 두꺼비 | **塞ぐ** 막다, 메우다 | **ためる** 모으다

「水がめに水は汲んだけど、このたくさんの米をどうやって搗いたらいいんだろう」と、コンジがため息をついて言うと、今度はすずめ達が飛んできました。「コンジお嬢さん、私達が米を搗いてあげますよ」と、すずめ達が米を搗き始めました。すると、あっという間に白い米になりました。すずめが飛んで行くと、次に仙女が現れました。「コンジお嬢さん、私が糸で布を作るから、この服と花の靴をはいて祭りに行ってきなさい」と言いました。

낱말과 표현

どうやって 어떻게 해서 | **すずめ** 참새 | **飛ぶ** 날다 | **次に** 다음에, 뒤이어 | **仙女** 선녀 | **花の靴をはく** 꽃신을 신다

コンジは急いで服を着替え、祭りの家に向かいました。ちょうど川を渡る時でした。「どけどけ、若殿様の行列だ！」それを見て驚いたコンジは、その場を走り去りました。コンジはとても慌てていたので、花の靴が片方脱げたことにも気づかず、そのまま走って行ってしまいました。若殿様はコンジの姿を見て、コンジをすっかり気に入ってしまい、花の靴を拾って、「この花の靴は誰のものかさがしなさい」と、家来達に命じました。家来達は花の靴を持って、村中をさがしました。そして、ついにコンジ達のところへやってきました。まず、パッジが花の靴に足を入れ、無理にはこうとしましたが、パッジの足には合いませんでした。次にコンジがはいてみると、花の靴はコンジの足にぴたりと合いました。こうして、コンジは若殿様と結婚することになりました。

낱말과 표현

急ぐ 서두르다 | 服を着替える 옷을 갈아입다 | 向かう 향하다 | ちょうど 마침 | 渡る 건너다 | どく 물러나다, 비키다 | 若殿様 젊은 사또님 | 行列 행렬 | 驚く 놀라다 | 場 곳, 장소 | 走り去る 뛰어서 떠나다 | 慌てる 당황하다 | 片方 한쪽, 한편 | 脱げる 벗겨지다 | 気づかず 눈치 못 채고 | すっかり 완전히 | 気に入る 마음에 들다 | 拾う 줍다 | さがす 찾다 | 家来 신하 | 命じる 명령하다 | 村中 마을 전체 | ついに 마침내 | やってくる 오다, 찾아오다 | まず 우선 | 無理に 무리하게 | 合う 맞다, 일치하다 | ぴたり 딱, 꼭 | こうして 이렇게 해서 | 結婚する 결혼하다

そして、結婚式の日。コンジが若殿様と結婚することに嫉妬したパッジは、コンジの杯にこっそり毒を入れました。何も知らないコンジは、杯を口にしました。そのとたん、コンジは倒れてしまいました。「あっ、新婦が倒れた！」しかし、幸いな[4]ことに、コンジは毒を吐き出し、何とか息を取り戻しました。それを見て、パッジと新しい母は急いで逃げましたが、捕まってしまいました。二人は固くひもで縛られて、牢獄に入れられました。コンジは若殿様に「どうか母と妹を許して下さい」とお願いしました。そうして、コンジ[3]のおかげで二人は牢獄から出してもらいました。「ありがとう、コンジや。本当に悪かったよ」と、自分達の過ちを反省した二人は、コンジに許しを求めました。その後、新しい母とパッジは心を入れ替え、善い人になりました。そうして、コンジは若殿様といつまでも仲良く幸せに暮らしました。

낱말과 표현

嫉妬する 질투하다 | 杯 술잔 | こっそり 살짝, 몰래 | 毒 독 | 口にする 먹다 | 倒れる 쓰러지다 | 新婦 신부 | 幸いだ 운이 좋다, 다행이다 | 吐き出す 토하다 | 何とか 그럭저럭 | 息を取り戻す 숨이 돌아오다 | 逃げる 도망치다 | 捕まる 잡히다, 붙잡히다 | 固い 단단하다 | ひも 밧줄, 끈 | 縛られる 묶이다 | 牢獄 감옥 | どうか 부디, 제발 | 許す 용서하다 | お願いする 부탁하다 | 過ち 잘못 | 反省する 반성하다 | 許しを求める 용서를 구하다 | 心を入れ替える 마음을 고쳐먹다 | 善い 착하다 | 仲良く 사이좋게 | 幸せに 행복하게 | 暮らす 살다

01 ～にもまして ～보다 더(욱)

すると、新(あたら)しい母(はは)は以前(いぜん)にもまして、コンジをいじめるようになりました。 그러자 새엄마는 이전보다 더욱 콩쥐를 괴롭혔습니다.

'～보다 더', '～보다 이상으로'라는 의미로 사용합니다.
명사＋にもまして나 보통형＋の＋にもまして의 형태로 접속합니다.

…▸ １０年(じゅうねん)ぶりに会(あ)った彼(かれ)は、以前(いぜん)にもまして素敵(すてき)だった。
10년 만에 만난 그는 이전보다 더 멋있었다.

…▸ 夏(なつ)の北海道(ほっかいどう)もきれいだが、それにもまして冬(ふゆ)の雪祭(ゆきまつ)りが素晴(すば)らしい。
여름의 홋카이도도 아름답지만 그것보다 겨울의 눈축제가 굉장하다.

…▸ 代表選手(だいひょうせんしゅ)に選(えら)ばれなかったのにもまして、全力(ぜんりょく)を尽(つ)くしたことを誇(ほこ)りに思(おも)います。
대표선수로 뽑히지 못 했다는 것보다 전력을 다했다는 것을 자랑스럽게 생각합니다.

02 ～だらけ ～투성이

今日(きょう)、コンジは石(いし)だらけの畑(はたけ)を耕(たがや)しなさい。
오늘 콩쥐는 돌투성이 밭을 갈아라 .

'～이 많이 있다'라던가 '～가 많이 붙어 있다' 등을 표현할 때 사용합니다. 주로 더러운 것이나 싫은 것이 표면에 붙어 있는 경우에 많이 사용합니다.

…▸ 交通事故(こうつうじこ)の現場(げんば)は、血(ち)だらけだった。 교통사고의 현장은 피투성이였다.

…▸ 年(とし)を取(と)ったので、顔(かお)がしわだらけになりました。
나이를 먹어서 얼굴이 주름투성이가 되었습니다.

…▸ 外(そと)で遊(あそ)んで帰(かえ)った子供(こども)の顔(かお)は傷(きず)だらけだった。何(なに)かあったのかな。
밖에서 놀고 돌아온 아이의 얼굴은 상처투성이였다. 무슨 일 있었나?

03 ～のおかげで ～덕분에

- コンジはがまがえるのおかげで、すぐに水がめに水をためることができました。 콩쥐는 두꺼비 덕분에 금방 항아리에 물을 채울 수 있었습니다.
- そうして、コンジのおかげで二人は牢獄から出してもらいました。 그리하여 콩쥐 덕분에 두 사람은 감옥에서 나오게 되었습니다.

'~덕분에 좋은 결과가 나온 경우'에 사용합니다.

…› 熱心な監督と真面目な選手達のおかげで、その国はサッカーの試合に勝ちました。 열성적인 감독과 성실한 선수들 덕분에 그 나라는 축구시합에 이겼습니다.

…› 先生のおかげで、無事に卒業できました。本当にありがとうございます。 선생님 덕분에 무사히 졸업할 수 있었습니다. 정말 감사드립니다.

04 ～ことに ～(하)게도

しかし、幸いなことに、コンジは毒を吐き出し、何とか息を取り戻しました。 그러나 다행스럽게도 콩쥐는 독을 토하고 그럭저럭 숨이 돌아왔습니다.

말하는 사람의 기분이나 감정을 강조해서 표현할 때 사용합니다.
동사의 た형, い형용사 기본형, な형용사 な＋ことに의 형태로 접속합니다.

…› 困ったことに、取引先の担当者の名前が思い出せなかった。
곤란하게도 거래처의 담당자의 이름이 생각나지 않았다.

…› 嬉しいことに、日本の有名な大学に受かって、奨学金までもらえることになった。
기쁘게도 일본의 유명한 대학에 합격하고 장학금까지 받을 수 있게 되었다.

…› 車がスリップして街路樹にぶつかったが、幸いなことに大きな怪我はなかった。 자동차가 미끄러져서 가로수에 부딪쳤지만 다행스럽게도 큰 부상은 없었다.

고급 08 확인 문제

こたえましょう

1 コンジと住んでいなかったのは誰ですか。

① お父さん

② お母さん

③ 新しい母

④ パッジ

2 新しい母がコンジにしたことは何ですか。

① 休む間もなく働いた

② 石だらけの畑を耕した

③ 木のくわを与えた

④ 銅のくわを与えた

3 水がめに水がたまらなかったのはどうしてですか。

① 水がめが大きいから

② 夕食を食べていないから

③ がまがえるが中にいたから

④ 水がめの底が割れていたから

4 糸で布を作るのは誰が手伝いましたか。

① 牛

② がまがえる

③ すずめ

④ 仙女

5 花(はな)の靴(くつ)がぴたりと合(あ)ったコンジはどうなりましたか。

① 若殿様(わかとのさま)と結婚(けっこん)することに嫉妬(しっと)した

② 固(かた)くひもで縛(しば)られた

③ 若殿様(わかとのさま)と結婚(けっこん)した

④ 牢獄(ろうごく)に入(い)れられた

6 新(あたら)しい母(はは)とパッジはどんな性格(せいかく)でしたか。

7 祭(まつ)りに行(い)く途中(とちゅう)でコンジが落(お)としたものはどれですか。

8 パッジはどうしてコンジの杯(さかずき)に毒(どく)を入(い)れましたか。

9 パッジと新(あたら)しい母(はは)はどうして牢獄(ろうごく)から出(で)られましたか。

10 牢獄(ろうごく)から出(で)た後(あと)、新(あたら)しい母(はは)とパッジはどうなりましたか。

고급 09

うさぎの肝(きも)

토끼의 간

Track 09

昔々、とても深い海に龍王様が住んでいました。龍王様は海を統治し、そのおかげでみんな平和に暮らしていました。そんなある日、龍王様は大きな病にかかって、倒れてしまいました。「良薬といわれる薬は全て飲んでみたが、全然良くならない。一体どうしたらいいのだろうか」と、龍王様は心を痛めました。そこで、家来達は有名な医者をさがして、龍宮へ連れてきました。「龍王様、西の海にとても優れた医者がいると聞いて、連れて参りました」「ほほう、そうか。では、すぐに連れてきなさい」。早速医者は龍王様の脈をみました。そして長いため息をつきました。「龍王様の病気を治す薬はございません。もしかしたら、うさぎの肝ならどうにかなるかもしれないが…」その言葉を聞いた家来達と龍王様は、会議を始めました。「どうやって地上に住んでいるうさぎの肝をさがしてくるのか」。みんな悩んでしまいました。その時、亀が前に出て言いました。「水の中と陸の上を往復できる私がうさぎの肝をさがしてきましょう」。こうして、亀は陸の上に上がりました。陸では美しい花が咲く春でした。「早くうさぎをさがさなくては…」。亀は一生懸命うさぎをさがして歩きました。

낱말과 표현

うさぎ 토끼 | 肝 간 | 龍王様 용왕님 | 統治する 통치하다 | 平和に 평화롭게 | 暮らす 살다 | 病にかかる 병에 걸리다 | 倒れる 쓰러지다 | 良薬 좋은 약 | 全て 전부 | 全然 전혀 | 一体 도대체 | 心を痛める 상심하다 | 家来達 신하들 | 有名だ 유명하다 | 医者 의사 | 龍宮 용궁 | 優れる 뛰어나다 | 参る 가다, 오다의 겸양어 | 早速 즉시 | 脈をみる 맥을 짚다 | ため息をつく 한숨을 쉬다 | 治す (병을) 고치다 | もしかしたら 어쩌면 | 会議 회의 | 始める 시작하다 | 地上 지상 | 悩む 고민하다 | 亀 거북이 | 陸 육지 | 往復 왕복 | 上がる 올라가다 | 咲く (꽃이) 피다 | 春 봄 | 早く 빨리

すると、大きな木の下でグーグーと昼寝をしている動物がいました。「あっ、あれがうさぎ[1]に違いない…」亀は胸に隠していたうさぎの絵を出して見ました。「フーン、長い耳、短い前足、あれがうさぎ[1]に違いない」。そうして、亀はうさぎに近づいて行きました。「もしもし、うさぎさん！」亀はのっそりとうさぎの前に出て言いました。うさぎはびっくりして、急に起き上がって座りました。そして、眠い目をこすりながら叫びました。「急に私を起こしたのは誰？」「はいはい、私です。遠い海の龍宮から来た亀です。噂[2]のとおり、うさぎさんは本当にハンサムですね。龍王様がハンサムなうさぎさんにお会いしたいそうです」と、亀が言うと、うさぎは亀の言葉にすっかりおだてられ、「海の中の龍宮はどんなところですか」と、話にのってきました。

낱말과 표현

グーグー 쿨쿨 | **昼寝をする** 낮잠을 자다 | **動物** 동물 | **胸** 가슴 | **隠す** 숨기다 | **絵** 그림 | **出す** 꺼내다 | **長い** 길다 | **耳** 귀 | **短い** 짧다 | **前足** 앞발 | **近づく** 다가가다 | **もしもし** 여보세요 | **のっそり** 느릿느릿 | **びっくりする** 놀라다 | **起き上がる** 일어나다 | **座る** 앉다 | **眠い** 졸리다 | **こする** 문지르다, 비비다 | **叫ぶ** 외치다 | **噂** 소문 | **ハンサムだ** 잘생기다 | **すっかり** 완전히 | **おだてる** 치켜세우다, 부추기다 | **話にのる** 이야기에 말려들다

亀は待ってました[3]とばかりに「龍宮は本当に美しいところですよ。おいしい食べ物もたくさんあるし、宝物があふれたところですよ」と言うと、二つの長い耳をピクピクさせて、うさぎは亀の話を聞きました。「じゃあ、龍宮には乱暴な動物や狩りをする人はいないのですか」と、うさぎが尋ねました。「ハハハ、そうですよ。乱暴な動物や狩りをする人はいませんよ。とても住みやすいところです」と、亀が答えました。うさぎは亀の言葉に耳がピクピク動きました。亀にはうさぎの気持ちが簡単にわかってしまいました。亀は「うさぎさん、龍宮を見物させてあげるから、一緒に行きましょう。私の背に乗れば、とても楽に行けますよ」と、言いました。すると、うさぎは亀の言葉にだまされ、すぐ亀の背に乗りました。そして、亀とうさぎは海へと出発しました。

낱말과 표현

宝物 보물 | **あふれる** 넘치다 | **ピクピク** 실룩실룩 | **乱暴** 난폭함 | **狩り** 사냥 | **尋ねる** 묻다 | **住みやすい** 살기 좋다 | **答える** 대답하다 | **動く** 움직이다 | **気持ち** 마음, 기분 | **簡単に** 간단하게 | **見物する** 구경하다 | **背中** 등 | **楽に** 쉽게, 편하게 | **だまされる** 속다 | **出発する** 출발하다

「ヒャー、本当に美しいところだ！」うさぎは海の見物をとても楽しみました。そして、龍宮へ着くと、亀はうさぎを降ろして言いました。「うさぎさん、ここでちょっと待っていて下さい。龍王様のところに行ってきます」。うさぎが一人で待っていると、突如、兵士達が目の前に現れ、うさぎは捕まえられてしまいました。「一体何だ」と、うさぎは驚きましたが、兵士達に固く縛られ、龍王様の前に連れていかれました。龍王様はおどおどとしているうさぎを見て言いました。「うさぎや、お前の肝を食べたら、私の病気が治るらしいのだ。死んでも悔しいと思わないでくれよ」と言い、「さっさとうさぎの肝を取り出しなさい！」と龍王様が命じました。

낱말과 표현

楽しむ 즐기다 | 着く 도착하다, 닿다 | 降ろす 내리다, 내려놓다 | 突如 갑자기, 별안간 | 兵士 병사 | 現れる 나타나다 | 捕まえる 붙잡다, 붙들다 | 驚く 놀라다 | 固い 단단하다 | 縛られる 묶이다 | おどおどとする 벌벌 떨다 | 病気が治る 병이 낫다 | 死ぬ 죽다 | 悔しい 분하다 | さっさと 즉시 | 取り出す 꺼내다 | 命じる 명령하다

それを聞いて、うさぎは慌てましたが、ある考えが頭に浮かびました。「龍王様、申し訳ありませんが、今、私の肝はありません。」と言いました。その言葉を聞いた龍王様は、目を大きく開けて聞きました。「肝がないって。それは一体どういうことだ」。うさぎは「実は、以前、私は肝を体から入れたり出したりできたんです。それで、その時に肝を水で洗って干しておいたんですよ」と言いました。「それは本当か」「はい、本当のことです。私を陸の上にもう一度連れていって下されば、すぐにでも肝を取ってきますが…」と、うさぎが言うと、龍王様はすっかりだまされて、「それなら、陸に戻って、肝を取ってきなさい。亀が連れていくから」と言いました。うさぎは亀の背に乗って、陸の上に帰って行きました。うさぎは陸に上がる[4]や否や、さっさと逃げてしまいました。「哀れな亀。世の中に肝を入れたり出したりする動物がどこにいるのか。ウハハハ！」と、うさぎが笑いました。亀は、その時になって、やっとうさぎにだまされたことに気がつきました。そして、ワーンワーンと大声で泣きました。

낱말과 표현

慌てる 당황하다 | **考え** 생각 | **浮かぶ** (머릿속에) 떠오르다 | **申し訳ありません** 죄송합니다 | **実は** 실은 | **以前** 이전, 옛날 | **体** 몸 | **洗う** 씻다 | **干す** 말리다 | **逃げる** 도망치다 | **哀れだ** 불쌍하다 | **世の中** 이 세상 | **笑う** 비웃다 | **やっと** 겨우, 간신히 | **気がつく** 눈치 채다 | **大声** 큰 소리 | **泣く** 울다

01 ～に違(ちが)いない　～임에 틀림없다

・あっ、あれがうさぎに違(ちが)いない…。 앗, 저것이 토끼임에 틀림없다…….

・フーン、長(なが)い耳(みみ)、短(みじか)い前足(まえあし)、あれがうさぎに違(ちが)いない。
음~ 기다란 귀, 짧은 앞발, 저것이 토끼임에 틀림없어.

'확실히 그럴 것이다'라고 생각할 때 사용하는 표현으로 주로 보통형＋に違(ちが)いない 형태로 접속합니다.

…› これ以上(いじょう)、地球(ちきゅう)の温暖化(おんだんか)が進(すす)んだら、地球(ちきゅう)の未来(みらい)は明(あか)るくないに違(ちが)いない。 이 이상 지구온난화가 진행된다면 지구의 미래는 밝지 않을 것임에 틀림없다.

…› 都会(とかい)の人口(じんこう)が増(ふ)えると共(とも)に、ごみ問題(もんだい)も深刻(しんこく)になるに違(ちが)いない。
도시 인구가 증가함과 동시에 쓰레기 문제도 심각해질 것임에 틀림없다

…› 木村(きむら)さんはその調査(ちょうさ)に基(もと)づいて、結論(けつろん)に出(だ)したに違(ちが)いありません。
기무라 씨는 그 조사를 토대로 결론을 내었음에 틀림없습니다.

02 ～のとおり　～대로

噂(うわさ)のとおり、うさぎさんは本当(ほんとう)にハンサムですね。
소문대로, 토끼님은 정말로 잘생기셨군요.

'～대로'라는 의미입니다. 동사의 기본형/た형이나 명사＋の, 명사＋どおり의 형태로 접속합니다.

…› 説明書(せつめいしょ)に書(か)いてあるとおり組(く)み立(た)ててみたが、うまくいかなかった。
설명서에 쓰여 있는 대로 조립해 보았지만 잘 되지 않았다.

…› この試合(しあい)で韓国(かんこく)が勝(か)った。それは私(わたし)の思(おも)ったとおりだった。
이 시합에서 한국이 이겼다. 그것은 나의 생각대로였다.

…› 設計図(せっけいず)のとおりには、工事(こうじ)が全然進(ぜんぜんすす)まなかった。
설계도대로 공사가 전혀 진전되지 않았다.

…› 予想(よそう)どおり、その計画(けいかく)は成功(せいこう)だった。
예상대로 그 계획은 성공이었다.

03 ～とばかりに ～듯이

亀は待ってましたとばかりに、 거북이는 기다렸다는 듯이,

'너무나도 ~한 모습으로'라는 의미입니다. 보통 동사의 보통형이나 명령형 + とばかりに의 형태로 접속합니다.

…› 有名な歌手が舞台に登場すると、ファン達は待ちましたとばかりに拍手をした。 유명한 가수가 무대에 등장하자 팬들은 기다렸다는 듯이 박수를 쳤다.

…› お見舞いに行った病室で、彼は早く帰れとばかりに、外を見ていた。
병문안 간 병실에서 그는 빨리 돌아가라는 듯이 밖을 보고 있었다.

…› その話を聞いた検事は、もう黙れとばかりに書類を片付け始めた。
그 이야기를 들은 검사는 이제 입을 다물라는 듯이 서류를 정리하기 시작했다.

04 ～や否や ～하자마자

うさぎは陸に上がるや否や、さっさと逃げてしまいました。
토끼는 육지에 닿자마자 재빨리 도망갔습니다.

'~하자마자 바로' 혹은 '~하자 거의 동시에'라는 의미로 사용합니다. 동사의 기본형 + や否や의 형태로 접속합니다.

…› ベルが鳴るや否や、学生は教室を飛び出していった。
벨이 울리자마자 학생은 교실을 뛰쳐나갔다.

…› 「地震だ！」と聞くや否や、机の下に潜り込んだ。
"지진이다!"라고 듣자마자 책상 아래로 숨었다.

…› 病気のお母さんは、息子の顔を見るや否や、元気になった。
아픈 엄마는 아들의 얼굴을 보자마자 건강해졌다.

확인 문제

고급 09 こたえましょう

1 龍王様はどうして倒れましたか。

① 薬を飲んだから

② 大きな病にかかったから

③ 海を統治したから

④ うさぎの肝を食べたから

2 医者がしなかったことは何ですか。

① 脈をみた

② 会議を始めた

③ 長いため息をついた

④ うさぎの肝がいいと言った

3 亀がうさぎについたのはどんなうそですか。

① 龍王がハンサムなうさぎに会いたがっている

② 龍宮はとても美しいところだ

③ おいしい食べ物がたくさんある

④ 亀の背に乗れば龍宮に行ける

4 兵士はうさぎに何をしましたか。

① うさぎを降ろした

② うさぎの肝を食べた

③ うさぎの肝を取った

④ うさぎを固く縛った

5 うさぎはどうしてもう一度陸(いちどりく)に戻(もど)ると言(い)いましたか。

① 肝(きも)を洗(あら)うために
② 肝(きも)を体(からだ)から出(だ)すために
③ 肝(きも)を取(と)ってくるために
④ 昼寝(ひるね)をするために

6 どうして亀(かめ)がうさぎの肝(きも)をさがしに行(い)くことになりましたか。

7 亀(かめ)は昼寝(ひるね)をしていた動物(どうぶつ)をどうしてうさぎだと思(おも)いましたか。

8 うさぎはどうして亀(かめ)の言葉(ことば)にだまされましたか。

9 うさぎが龍王(りゅうおう)についたのはどんなうそですか。

10 陸(りく)に上(あ)がったうさぎはどうしましたか。

고급 10

たにし娘(むすめ)

우렁각시

昔々、あるところにとても働き者の男がいました。男は年を取っていましたが、まだ結婚をしていませんでした。「おい、お前はいつ結婚するのかい」と、村の人達が聞くと、男は恥ずかしそうに「私のような貧しい者のところに、嫁に来てくれる女性がいると思いますか。このまま一人の方が気楽ですよ」と答えました。でも、心の中ではさびしいと思っていました。ある日、いつものように畑で仕事をしていた時、男はため息をついて、こう言いました。「こうして一生懸命畑で働いても、一緒に暮らす家族がいないもんな…」すると、どこからか「私と暮らせばいいじゃない」という声が聞こえてきました。驚いた男は辺りを見回しましたが、誰もいませんでした。それで、もう一度「一生懸命畑仕事をしても、一緒に暮らす家族がいないんだ」と言ってみました。すると、今度は草の中から「私と暮らせばいいじゃない」と言う声がまた聞こえてくるではありませんか。男は声のする方に行ってみました。そして、よく見てみると、草の中に大きなたにしが一匹いるではありませんか。「本当に不思議なことがある[1]ものだ」と言って、男はそのたにしを手に取ると、水つぼの中に入れて、家へ持って帰りました。

낱말과 표현

たにし 우렁이 | **働き者** 부지런한 사람 | **年を取る** 나이를 먹다 | **結婚する** 결혼하다 | **恥ずかしい** 부끄럽다 | **貧しい** 가난하다 | **嫁** 신부, 며느리 | **女性** 여성 | **気楽だ** 마음 편하다 | **答える** 대답하다 | **さびしい** 쓸쓸하다 | **畑** 밭 | **ため息をつく** 한숨을 쉬다 | **驚く** 놀라다 | **辺り** 주변 | **見回す** 둘러보다 | **草** 풀 | **声がする** 목소리가 나다 | **不思議だ** 신기하다, 이상하다 | **水つぼ** 물병

次の日、男は朝早く起きました。すると、驚いたことに、おいしいご飯が炊いてあるではありませんか。「これは一体どうしたことだろう」と、男は不思議だなあと思い[2]ながらも、おいしくご飯を食べました。そして、男は田んぼに出かけて一生懸命に働きました。男が働いて家に帰ってくると、またご飯が炊いてありました。すると、次の日も、その次の日も、きちんとご飯が置いてありました。「私の知らない[3]うちに誰がご飯を炊くのだろうか」と男は思いました。そうして、ある日、男は働きに行くふりをして、台所に隠れました。お昼ご飯を食べる時間になると、水つぼの中からかわいい娘が現れました。

낱말과 표현

炊く (밥을) 짓다 | **一体** 도대체 | **田んぼ** 논 | **きちんと** 정확히 | **置く** 놓다 | **ふりをする** 시늉을 하다 | **台所** 부엌 | **隠れる** 숨다 | **お昼ご飯** 점심밥 | **かわいい** 귀엽다

そして、ご飯を炊いているではありませんか。男はさっと立ち上がって、娘の前に出て行きました。「お嬢さんは一体誰ですか」と尋ねると、驚いた娘は顔を赤くして言いました。「私は龍王の娘です。罪を犯したので、追い出されてしまったんです」。男は娘の言うことを聞くや否や、「どうか私の妻になって下さい」と言いました。こうして男とたにし娘は夫婦になりました。いつも一人さびしく暮らしていた男は、とても幸せになりました。

낱말과 표현

さっと 재빠르게, 휙 | **立ち上がる** 일어서다 | **お嬢さん** 아가씨 | **現れる** 나타나다 | **尋ねる** 묻다 | **顔を赤くする** 얼굴이 빨개지다 | **龍王** 용왕 | **罪を犯す** 죄를 범하다 | **追い出す** 쫓아내다 | **どうか** 부디, 제발 | **妻** 아내 | **夫婦** 부부

そんなある日、たにし娘は夫のご飯を準備してから、外へ出かけて行きました。すると、その時、偶然、村長とすれちがいました。村長はたにし娘を見て、一目で気に入りました。「いやー、あんなきれいな人がいるなんて！あの人は誰の奥さんだろうか」と言うと、「あの人は働き者の男の奥さんですよ」と村人が答えました。その話を聞いて、村長はたにし娘を男から奪い取ってやりたくなりました。そこで、村長はいろいろ考えて、男を呼び出しました。何も知らない男は村長に頭を深く下げて、「何の用事で私を呼ばれたんでしょうか」と尋ねました。すると、村長は男に向かって「明日、私と木を切る勝負をしよう。私が勝てば、お前の奥さんをもらう。お前が勝てば、宝をやろう。しかし、もしこれを断ったら、大きい罰を下すぞ」と言いました。男は家に帰り、大きな声で泣きました。驚いたたにし娘は「一体どうしたの。何があったの」と聞きました。男はたにし娘に今日の事を全て話しました。それを聞いたたにし娘は「心配しないで下さい。全てうまくいきますから」と夫を慰めました。

낱말과 표현

準備する 준비하다 | **偶然** 우연 | **村長** 촌장 | **すれちがう** 스쳐 지나가다 | **一目で** 한눈에 | **気に入る** 마음에 들다 | **きれい** 예쁨 | **奥さん** 부인 | **奪い取る** 억지로 빼앗다 | **いろいろ** 여러 가지 | **呼び出す** 부르다 | **頭を下げる** 머리를 숙이다 | **用事** 볼일, 용건 | **向かう** 향하다 | **切る** 자르다, 베다 | **勝負** 승부 | **勝つ** 이기다 | **宝** 보물 | **断る** 거절하다 | **罰を下す** 벌을 내리다 | **心配する** 걱정하다 | **全て** 모두, 전부 | **うまくいく** 잘 되다 | **夫** 남편 | **慰める** 위로하다, 달래다

その夜、たにし娘は海に戻って、龍王様に会いました。そして、「私を助けて下さい」と言って、龍王様に今日起きたことを話しました。それを聞いて納得した龍王様は魔法の斧を一本、たにし娘に渡しました。勝負の朝になりました。たにし娘は男に魔法の斧を渡しました。男は魔法の斧を持って出かけて行きました。男は一人、しかし、村長は部下をたくさん連れてきました。そして、男と村長は勝負を始めました。しかし魔法の斧を持っている男は、あっという間に全ての木を切り倒してしまいました。「いや、おかしい！そんな[4]はずはない！」と怒った村長は、今度は海で船に乗って勝負をするように言いました。そして、海での勝負になりました。しかし、今度もまた龍王様の助けによって、男が勝ってしまいました。そして、男は海の渦の中に落ちた村長を助けてあげました。すると、「私の命を助けてくれてありがとう。お前の奥さんを奪おうとしたことを許してくれ」と、村長は自分の過ちに気づいて、深く反省しました。そして、男は村長からたくさんの宝をもらいました。金持ちになった男は、たにし娘とずっと幸せに暮らしたそうです。

낱말과 표현

戻る 되돌아가다 | **起きる** 일어나다, 발생하다 | **納得する** 납득하다 | **魔法** 마법 | **斧** 도끼 | **渡す** 건네다 | **部下** 부하 | **あっという間に** 눈 깜짝할 사이에 | **切り倒す** 베어 넘어뜨리다 | **おかしい** 이상하다 | **怒る** 화내다 | **船** 배 | **助け** 도움 | **～によって** ~에 의해 | **渦** 소용돌이 | **許す** 용서하다 | **過ち** 잘못 | **気づく** 알다, 눈치 채다 | **反省する** 반성하다

まとめましょう

01 ～ものだ ～것이다

本当に不思議なことがあるものだ。 정말로 신기한 일이구나 .

～ものだ는 여러 가지 용법으로 사용됩니다.

(1) 감탄이나 탄식 등 마음의 감정을 표현

…› いつか東京に行ってみたいものです。 언젠가 도쿄에 가 보고 싶습니다.

…› 一度でいいから、宝くじに当たってみたいものです。
한 번이라도 좋으니까 복권에 당첨되고 싶습니다.

(2) 상식이라고 생각될 때

…› 試験の時は、誰でも一生懸命勉強するものだ。
시험을 볼 때는 누구라도 열심히 공부하는 법이다.

…› 約束は、必ず守るものです。 약속은 반드시 지켜야 하는 것입니다.

02 ～ながらも ～면서도

男は不思議だなあと思いながらも、おいしくご飯を食べました。
남자는 이상하다고 생각하면서도 맛있게 밥을 먹었습니다 .

역접의 표현으로 '～이지만'으로 사용되었습니다.

…› 一緒に働きながらも、彼女の悩みには全然気づかなかった。
함께 일하면서도 그녀의 고민에는 전혀 눈치 채지 못 했다.

…› 残念ながらも、その容疑者には、確実なアリバイがあります。
유감스럽게도 그 용의자에게는 확실한 알리바이가 있습니다.

…› その力士は小柄ながらも、横綱になった。
그 스모 선수는 몸집은 작지만 요코즈나가 됐다.

03 ～うちに ～동안에

私の知らないうちに誰がご飯を炊くのだろうか。
나도 모르는 사이에 누가 밥을 지어 놓는 걸까?

'～하는 사이에'의 의미입니다. ～ないうちに는 '～하기 전에'라고 해석할 수도 있습니다.

- 桜の花が咲いているうちに、花見に行きましょう。
  벚꽃이 피어 있는 동안에 꽃구경하러 갑시다.
- 赤ちゃんが寝ているうちに、洗濯とか掃除とかをした方がいいです。
  아기가 자고 있는 동안 빨래나 청소를 하는 편이 좋습니다.
- その味噌汁は、冷めないうちに召し上がって下さい。
  그 된장국이 식기 전에 드세요.
- しばらく勉強しないうちに、日本語の単語を全部忘れました。
  잠시 공부하지 않은 사이에 일본어 단어를 전부 잊어 버렸습니다.

04 ～はずは(が)ない ～리는(가) 없다

いや、おかしい！そんなはずはない！
이런, 이상하군! 그럴 리가 없어!

말하는 사람이 어떤 근거를 가지고 절대 가능성이 없을 때 사용합니다. '～리가 없다'의 의미입니다.

- その人は正直です。うそをつくはずがありません。
  그 사람은 정직합니다. 거짓말을 할 리가 없습니다.
- こんな難しい問題を、小学生が分かるはずがありません。
  이런 어려운 문제를 초등학생이 알 리가 없습니다.
- 夏に雪が降るはずがない。 여름에 눈이 내릴 리가 없다.

확인 문제

고급 10 こたえましょう

1 働き者の男が思っていなかったことは何ですか。

① 嫁に来てくれる女性がいる

② このまま一人の方が気楽だ

③ 一人で暮らすのはさびしい

④ 結婚したい

2 かわいい娘が現れたのはどこからですか。

① 畑の中

② 草の中

③ 水つぼの中

④ 台所の中

3 たにし娘と違うことは何ですか。

① 龍王の娘だ

② 年を取っている

③ 龍王に追い出された

④ 罪を犯した

4 村長がたにし娘を奪うためにしなかったことは何ですか。

① 木を切る勝負をした

② 船に乗って勝負をした

③ 部下をたくさん連れてきた

④ 大きい罰を下した

5 たにし娘が龍王にもらったものは何ですか。

① 魔法の斧

② 宝

③ 奥さん

④ おいしいご飯

6 誰がご飯を炊くのか不思議に思った男がしたのはどんなことでしたか。

7 たにし娘が龍王にお願いしたことは何ですか。

8 男は海の渦の中に落ちた村長をどうしましたか。

9 男に助けられた村長はどうなりましたか。

10 村長を助けた男はどうなりましたか。

해석과 정답

牛になった男

소가 된 남자

옛날, 일이 싫어서 일하고 싶지 않다고 생각하는 남자가 있었다고 합니다. 온종일 거의 자기만 하고 움직이지 않습니다. 밭일이 바쁜 계절이 되어도 이 남자는 쿨쿨 집에서 자고만 있었습니다. 아내가 힘들어서 주의를 주어도, 남자는 바로 집을 나가 버렸습니다. 어느 날, 남자가 길을 걸어가고 있는데 소 가면을 만들고 있는 할아버지와 만났습니다. 그 할아버지는 "일을 싫어하는 사람이 이 가면을 쓰면 좋은 일이 있어요." 라고 했습니다. 남자가 가면을 손에 들고 보고 있자 할아버지는 남자에게 가면을 씌웠습니다. 남자는 놀라서 가면을 벗으려고 했지만 이미 늦었습니다.

남자는 소가 되어 버렸습니다. 할아버지는 그 소를 끌고 가서 밭에서 일하고 있던 남자에게 팔았습니다. "이 소는 무를 먹으면 죽는다고 합니다." "그렇습니까? 이상한 소군요." 두 사람은 말했습니다. 소가 된 남자는 끌려가지 않도록 "나는 소가 아니야! 사람이야!"라고 큰 소리로 말했습니다. 그러나 모두는 "어째서 소가 큰 소리로 울고 있는 것일까."라고 생각할 뿐이었습니다. 소가 된 남자는 매일매일 힘든 일을 해야만 했습니다. '계속 일하지 않고 자고만 있었기 때문에 이렇게 되어 버렸어. 지금까지 내가 나빴어.' 라고 생각했습니다. 소가 된 남자는 집에 있는 가족을 생각하고 자신이 너무나도 부끄러워졌습니다.

그리고 할아버지가 밭에서 남자에게 이야기했던 것을 생각해 내었습니다. '그래! 소가 되어 버렸으니, 이제 무를 먹고 죽어 버리자.' 소가 된 남자는 울면서 잠이 들었습니다. 다음 날, 일이 끝나고 나서 소가 된 남자는 밭으로 달려가서 무를 뽑아 먹었습니다. 그러자 펑- 하는 소리가 나며 남자는 사람으로 돌아왔습니다. 주변에 있던 사람에게 자신이 소가 되었던 이야기를 했습니다. 그리고 집으로 돌아온 남자는 이제 이전과는 달라졌습니다. 누구보다도 열심히 일을 하게 되었습니다.

親孝行(おやこうこう)のトラ

호랑이의 효행

옛날, 머리가 좋은 나무꾼이 있었습니다. 어느 날 나무꾼은 숲으로 나무를 베러 갔습니다. 잠시 걷고 있는데 풀 속에서 뭔가 소리가 들렸습니다. 그러자 큰 호랑이가 입을 떡 벌리고 눈앞에 나타난 것이었습니다. 어흥 소리를 내고 "아 마침 배가 고팠는데. 딱 좋은 때에 찾았군. 먹어 버려야지."라고 했습니다. 나무꾼은 무서워서 몸이 부들부들 떨리기 시작했습니다. 그러나 나무꾼은 좋은 생각이 떠올랐습니다. 나무꾼은 호랑이를 보면서 큰 소리로 울었습니다. "형님! 이제야 겨우 만났습니다. 어머님이 항상 형을 생각하며 울고만 계셨습니다. 형님은 산에 들어간 채 계속 돌아오지 않아서 반드시 죽은 걸 거야…… 라고. 하지만 지금 여기서 살아서 만났습니다. 꿈만 같아요!" 나무꾼이 말하자 호랑이는 "내가 너의 형이라고?"하며 놀랐습니다. 나무꾼은 계속해서 이야기했습니다. "꿈속에 나온 형이 항상 '나는 호랑이가 되어 버렸다. 이제 집으로 돌아갈 수 없다.'라고 어머님께 이야기했다고 해요. 하지만 지금 형님을 만날 수 있어서 기쁩니다. 정말 꿈을 꾸고 있는 듯합니다. 형님." 나무꾼은 울면서 이야기했습니다.

그러자 호랑이는 나무꾼의 말이 진짜라고 생각했습니다. 호랑이도 어머니를 생각하면서 울었습니다. 그리고 나무꾼은 "형님, 저와 함께 어머니를 만나러 가요."라고 말했습니다. 호랑이는 "안 돼. 나를 봐. 완전히 호랑이가 되어 버렸어. 어머니는 만날 수 없어……. 이제부터 한 달에 2번, 내가 멧돼지를 잡아 줄 테니까 나를 위해서 네가 어머님께 잘해 드리렴." 울면서 말했습니다. 다음 날 아침이 되었습니다. 나무꾼의 집 마당에 멧돼지 한 마리가 놓여 있었습니다. 그렇습니다. 그 호랑이의 약속입니다. 호랑이는 멧돼지를 잡아서 어머니가 계신 곳에 가져 온 것입니다. 그 때부터 한 달에 두 번 호랑이는 반드시 멧돼지를 잡아서 집까지 가지고 왔습니다. 나무꾼은 호랑이의 효심을 생각하면서 자신도 어머님을 소중하게 대했습니다.

그리고 시간이 흘러 어머니는 병으로 돌아가셨습니다. 어머니가 돌아가시고 나서 호랑이는 이제 결코 집에는 오지 않았습니다. 어느 날 숲으로 들어간 나무꾼은 호랑이 새끼를 발견했습니다. 잘 보니 그 새끼 호랑이는 나무꾼이 만난 그 호랑이의 새끼였습니다. 어머니가 돌아가신 것을 안 호랑이는 너무나 슬퍼서 먹을 수도 없게 되었습니다. 그리고 결국 호랑이는 죽었습니다. 나무꾼은 호랑이의 지극한 효심을 알았습니다. 그리고 이번에는 나무꾼이 호랑이를 위해서 끝까지 새끼 호랑이를 키웠습니다.

お日(ひ)さま、お月(つき)さま

해님 달님

옛날 옛날 조용한 산속에 어머니와 오빠와 여동생이 살고 있었습니다. 산속 깊은 곳이었기 때문에 먹을 것이 많이 없었지만 3명의 생활은 매우 즐거운 것 같았습니다. 어느 날, 어머니는 마을 사람의 집에 일을 도우러 갔습니다. 어머니는 오빠와 여동생에게 "내가 없는 동안, 집에서 둘이 기다리고 있으렴. 선물로 맛있는 떡을 사올 테니까 기대하고 있으렴."이라고 하고 마을로 갔습니다. 어머니는 혼자 마을까지의 먼 길을 걸어갔습니다. 낮이라고 해도 길은 어두워서 호랑이가 나올 것 같았습니다. 오빠와 여동생은 '떡이 빨리 오면 좋겠다…….'라고 생각하면서 어머니가 돌아오길 기다리고 있었습니다. 여동생은 말했습니다. "오빠, 나는 팥떡이 먹고 싶어." "하지만 떡이라면 콩고물을 묻힌 떡이 나는 제일 좋아."라고 오빠는 말했습니다.

그리고 완전히 해가 저물고 밖도 어두워지기 시작했습니다. 어머니는 집에서 기다리고 있을 아이들이 걱정되었습니다. '가능한 한 빨리 돌아가야지…….'라고 생각하며 서둘러 걷고 있었습니다. 그러자 눈앞에 검은 것이 스윽 나왔습니다 어머니는 오싹했습니다. 호랑이입니다. 호랑이가 나온 것입니다. "그 떡을 하나, 나에게 줘. 주면 안 잡아먹지."라고 호랑이가 말했습니다. 호랑이도 떡이 좋은 모양입니다. "호랑이님, 드세요." 어머니는 호랑이에게 떡이 담긴 상자를 내었습니다. 그러나 호랑이는 상자를 빼앗아 바로 떡을 전부 먹어 버렸습니다. 그리고 호랑이가 말했습니다. "아아 더 먹고 싶다……." 이번에는 어머니를 붙잡아 어머니까지 먹어 버렸습니다. 그리고 호랑이는 어머니의 옷을 입고 오빠와 여동생이 기다리고 있을 집으로 갔습니다.

똑똑. 어머니가 돌아왔다고 생각해서 문을 열자 호랑이가 있었습니다. "호, 호, 호랑이다!!" 오빠와 여동생은 놀랐습니다. 두 사람은 정말로 무서워서 울 것 같았습니다만 열심히 도망쳤습니다. 그리고는 얼른 마당의 나무 위로 올라갔습니다. 그렇지만 두 사람은 금방 들켜 버렸습니다. 나무 아래까지 온 호랑이가 물었습니다. "나무 위까지 어떻게 올라갔니?" 오빠는 "부엌에 있던 참기름을 바르고 올라왔어."라고 거짓말을 했습니다. 호랑이는 "과연"이라며 바로 참기름을 바르고 올라가려고 했지만 주르르 미끄러져서 조금도 올라갈 수 없습니다. 그것을 보고 아직 어린 여동생은 깔깔 웃으면서 "호랑이는 머리가 나쁘구나. 도끼를 사용해서 올라오면 쉬울 텐데."라고 말했습니다. 그러자 큰일입니다. 호랑이는 여동생의 말을 듣고 도끼를 사용해서 나무를 오르기 시작했습니다. 그리고 곧 호랑이는 두 사람 가까이까지 와 버렸습니다.

두 사람은 "하느님, 살려 주세요."라고 열심히 기도했습니다. 그러자 하늘에서 굵은 밧줄이 스르르 내려왔습니다. 오빠와 여동생은 밧줄을 꽉 붙잡고 하늘로 올라갔습니다. 그것을 보고 호랑이도 하늘을 향해서 큰 소리로 말했습니다. "하느님, 저에게도 밧줄을 주세요." 그러자 호랑이에게도 밧줄이 내려왔습니다. 호랑이는 밧줄을 타고 올라가 오빠와 여동생의 바로 뒤까지 쫓아왔습니다. 그런데 호랑이의 밧줄은 너무나 낡고 가늘고 튼튼하지 않았습니다. 그리고 갑자기 호랑이의 밧줄이 툭 끊어져 마당으로 떨어져 죽어 버렸습니다. 오빠와 여동생은 하늘로 올라갔습니다. 그리고 두 사람은 해님과 달님이 되었습니다. 오빠는 세상을 밝게 하는 해님이 되고 여동생은 밤에만 수줍은 듯이 나오는 달님이 되었다고 합니다.

이야기 해석

초급 04

世界(せかい)で一番怖(いちばんこわ)いもの

세상에서 가장 무서운 것

옛날 옛날 깊은 산속에 할아버지가 혼자 살고 있었습니다. 할아버지의 집은 마을에서 먼 곳에 있었습니다. 그래서 평소에는 사람과 만나는 일도 없었기 때문에 혼자서 쓸쓸하게 생활하고 있었습니다. 어느 날 밤, 누군가가 이쪽으로 걸어오는 듯한 소리가 들렸습니다. 할아버지는 '이상하군. 집에 오는 사람은 없을 터인데.'라고 생각했습니다. 할아버지는 집 안에서 조용히 밖을 보고 있었습니다. 그러자 남자가 할아버지의 집에 걸어오는 것이 보였습니다. 그 남자는 매우 덩치가 컸습니다. "누군지 모르겠지만 혼자서는 심심하니까 어서 들어 오세요." 할아버지는 말했습니다. 남자는 문을 열고 집으로 들어갔습니다. 할아버지는 입구를 보고 매우 놀랐습니다. 거기에는 도깨비가 있었습니다. 남자는 도깨비였던 것입니다. 무서운 얼굴을 한 도깨비는 히히히 웃으면서 방 안에 들어와서 할아버지 앞에 앉았습니다. 할아버지는 도깨비가 무서웠지만, 이런 이야기 저런 이야기… 둘이서 잠시 이야기를 나누었습니다. 그리고 할아버지와 도깨비는 친구가 되었습니다.

도깨비가 "가끔 놀러 와도 됩니까?"라고 묻자 할아버지는 "괜찮아요. 언제든지."라고 대답했습니다. 그리고서 도깨비는 때때로 할아버지의 집에 와서 함께 놀았습니다. 두 사람은 재미있는 이야기를 하거나 노래를 부르거나 했습니다. 도깨비는 자주 할아버지의 집으로 놀러 오게 되었습니다. 할아버지는 자신의 얼굴이 변한 듯한 느낌이 들기 시작했습니다. 그런 어느 날 아침, 할아버지는 거울로 자신의 얼굴을 보고 "어라, 뭔가 이상한걸. 얼굴이 변한 듯한 느낌이 드는데.

무서운 얼굴이 되었어." 할아버지는 불안해졌습니다. 도깨비와 놀았기 때문에 자신의 얼굴도 도깨비를 닮게 된 것은 아닐까 하고 생각했습니다. 할아버지는 도깨비가 집에 놀러 오는 것이 무서워졌습니다.

그리고 그날도 도깨비가 놀러 왔습니다. 할아버지는 도깨비에게 어떤 질문을 했습니다. "도깨비들이 세상에서 가장 무서워하는 것은 무엇?" 그러자 도깨비는 "도깨비는 동물의 피를 제일 무서워합니다. 붉은 피를 보면 전혀 힘이 나지 않게 됩니다."라며 매우 무서운 듯이 작아졌습니다. 그리고서 도깨비도 할아버지가 무서워하는 것이 무엇인지 알고 싶어졌습니다. 이번에는 도깨비가 할아버지에게 물었습니다. "그럼, 할아버지는 세상에서 가장 무서운 것은 무엇입니까?" 그러자 할아버지는 "나는 돈이 가장 무섭습니다. 돈으로부터 도망치기 위해 이런 산속에 살고 있는 거요."라고 대답했습니다. 다음 날 할아버지는 마을로 가서 동물 피를 잔뜩 사 왔습니다. 그리고는 그 피를 집 문에 발라 두었습니다. 날이 저물고 도깨비가 또 놀러 왔습니다. 도깨비가 집으로 들어 오려고 했지만 문에 있는 동물의 피를 발견하고 매우 놀랐습니다. 그리고 서둘러 도망갔습니다. "이제 두 번 다시 오지 않겠지." 할아버지는 그것을 보고 안심했지만 조금은 쓸쓸한 기분도 들었습니다.

그리고 또 다음 날 할아버지가 잠자리에 들려고 했을 때였습니다. 갑자기 도깨비가 집으로 들어 왔습니다. 그리곤 "할아범, 어제는 심한 짓을 했지. 오늘은 할아범 차례다!" 도깨비는 큰 소리를 내면서 돈을 던졌습니다. 할아버지의 집은 돈으로 가득 찼습니다. 도깨비는 돈을 전부 던지고는 사라져 버렸습니다. 도깨비 덕분에 할아버지는 큰 부자가 되었습니다. 할아버지는 기뻐했지만 그래도 도깨비에게는 미안한 생각도 들었습니다. "미안하네. 도깨비 친구. 당신은 정말로 재미있는 친구였는데……."

金(きん)の斧(おの)銀(ぎん)の斧(おの)

금도끼 은도끼

어느 날, 가난한 나무꾼이 숲에서 나무를 쿵쿵 베고 있었습니다. "아 – 목이 마르다. 물 좀 마실까." 나무꾼이 샘 앞에서 물을 마시려고 한 순간, 허리에 차고 있던 도끼가 풍덩하고 깊은 샘물 속으로 떨어져 버렸습니다. "앗! 큰일이다. 일을 못 하게 되어 버렸다. 도끼는 한 개밖에 없고 어떡하지……." 나무꾼은 울면서 샘 앞에 서 있었습니다. 집에서 기다리고 있을 어머니의 일을 생각하면 더 울고 싶어졌습니다.

그러자 갑자기 샘물 속에서 부글부글 소리가 나서 보니 밝은 빛 속에 산신령님이 나타난 것입니다. 그리고 놀란 나무꾼에게 산신령님이 말을 걸었습니다. "나무꾼아, 어째서 울고 있는 거냐? 이유를 말해 보아라" 나무꾼은 "도끼를 샘에 떨어뜨려 버려서 일을 못 하게 되어 곤란합니다."라고 대답했습니다. "그러냐. 불쌍하게도. 내가 찾아 줄 테니까 이제 울지 말아라." 산신령님은 나무꾼에게 그렇게 말하고 샘물 속으로 스윽 사라졌습니다. 그리고 나서 조금 후에 산신령이 물속에서 나타났습니다. 손에는 반짝반짝 빛나는 금도끼를 들고 나무꾼에게 말했습니다. "이것이 너의 도끼냐." 나무꾼은 "아니요, 아닙니다. 저의 도끼는 그렇게 빛나는 것이 아닙니다." 그러자 산신령님은 또 부글부글 하얀 거품을 내며 물속으로 사라졌습니다.

그리고 이번에는 은도끼를 가지고 나타났습니다. "이것이 너의 도끼냐." "아니요, 아닙니다. 그렇게 멋진 것이 아닙니다." 또 산신령님은 사라졌습니다. 세 번째로 산신령님은 철도끼를 가지고 나타났습니다. 나무꾼은 "아 그겁니다. 그거예요. 제가 떨어뜨린 도끼는."이라고 말했습니다. 그러자 산신령님은 빙그레 웃으시며 "너는 정말로 정직하고 착한 남자구나. 아주 훌륭하구나. 상으로 금과 은으로 된 도끼를 주마." "네 고맙습니다. 정말로 고맙습니다." 나무꾼은 매우 기뻤습니다. 그리고 산신령님은 스윽 사라졌습니다.

다음 날 아침, 나무꾼은 신기한 샘의 이야기를 친구에게 했습니다. 그러자 욕심 많은 나무꾼은 바로 샘으로 달려갔습니다. "여기가 금도끼를 받은 샘이구나. 좋아. 나도 해 봐야지."라고 일부러 가지고 있던 도끼를 풍덩하고 샘물 속으로 던졌습니다. 그러나 남자가 말한 대로 산신령님이 스윽 눈앞에 나타났습니다. "무슨 일이냐?" 산신령이 말했습니다. "네, 소중한 도끼를 샘에 떨어뜨렸습니다. 일을 못 해서 곤란합니다." 그것을 들은 산신령님은 샘물 속으로 들어가서 반짝반짝 빛나는 금도끼를 가지고 나왔습니다. "이것이 너의 도끼냐?" 나무꾼은 "그것입니다. 그거예요. 그것이 나의 도끼입니다." 그러나 산신령님은 아무 말도 하지 않고 스윽 사라져 버렸습니다. "산신령님~!" 아무리 불러도 이제 결코 산신령님은 나타나지 않았습니다. 왜냐하면 산신령님은 욕심이 많은 나무꾼의 거짓말을 알아 버렸기 때문입니다. 욕심 많은 나무꾼은 자신의 도끼마저도 잃어 버리고 말았습니다. 그리고 어깨를 축 늘어뜨리고 터벅터벅 집으로 돌아갔습니다.

天女(てんにょ)と木(き)こり

선녀와 나무꾼

옛날 옛날 금강산 기슭에 나무꾼이 살고 있었습니다. 집은 가난했지만 나무꾼은 성실한 사람으로 나이 드신 어머니를 매우 소중하게 생각했습니다. 어느 날 오후의 일입니다. 그날도 나무꾼은 낮잠도 자지 않고 산에 땔감을 베러 갔습니다. "오늘은 열심히 일했어. 이것을 팔면 어머니가 아주 좋아하는 엿도 사 드릴 수 있을 거야." 나무꾼은 빙그레 웃으면서 부지런히 땔감을 쌓았습니다. 그때입니다. 갑자기 한 마리의 사슴이 숨을 거칠게 쉬며 달려와서 나무꾼 앞에 섰습니다. "살려 주세요. 사냥꾼에게 쫓기고 있어요." 사슴은 뚝뚝 눈물을 흘리면서 도움을 요청했습니다. "저기, 이쪽으로 사슴이 달려오지 않았습니까?" 역시 숨을 크게 쉬면서 사냥꾼이 달려왔습니다. 그러나 이미 나무꾼이 사슴을 땔감 속에 숨긴 후였습니다. "저쪽으로 간 것 같아요."라며 나무꾼은 숲 쪽을 보았습니다. 그러자 사냥꾼은 허둥지둥 산속으로 사라졌습니다.

목숨을 구한 사슴은 나무꾼에게 몇 번이고 몇 번이고 인사를 했습니다. 그리고 도움을 받은 답례로 나무꾼에게 선녀들이 목욕하러 오는 연못을 가르쳐 주었습니다. "선녀의 날개옷을 한 벌 숨기세요. 선녀에게 아이가 4명 태어날 때까지는 선녀에게 숨긴 날개옷을 절대로 보여 주어서는 안 됩니다. 반드시 내가 말한 대로 하세요." 사슴이 말했습니다. 밤이 되었습니다. 나무꾼은 사슴이 가르쳐 준 대로 연못으로 가 보았습니다. 그러자 역시 연못에서 선녀들이 목욕을 하고 있었습니다. 나무 아래에서 그것을 몰래 보고 있던 나무꾼은 선녀들이 벗은 날개옷을 한 벌 집자 바로 그것을 숨겨 버렸습니다. 마침내 밤이 깊어 선녀들은 한 명, 두 명 차례로 날개옷을 입고 하늘로 올라갔습니다. 그러나 날개옷을 잃어 버린 선녀는 오로지 혼자 남겨져 곤란해졌습니다. 선녀는 매우 슬펐지만 어떻게도 할 수 없습니다.

이렇게 해서 날개옷을 잃어버린 선녀는 나무꾼의 아내가 되었습니다. 나무꾼과 선녀 사이에는 아이도 태어나 행복하게 살았습니다. 그러나 선녀는 아무리 해도 하늘나라를 잊을 수 없습니다. 다시는 하늘나라로 돌아갈 수 없다고 생각하면 슬퍼서 울기만 했습니다. 나무꾼은 그런 선녀를 볼 때마다 가슴이 아파졌습니다. 그리고 사람 착한 나무꾼은 사슴의 말도 잊고 결국 선녀에게 날개옷을 보여 주고 말았습니다. "아! 내 날개옷!" 선녀는 날개옷을 품에 안고 기뻐했습니다. 날개옷을 한 번 입어 보고 싶다고 선녀는 말했습니다. 그리고 날개옷을 입자마자 그대로 아이들을 데리고 하늘나라로 올라가 버렸습니다. 선녀와 아이들이 없어진 집은 정말로 쓸쓸해졌습니다. 나무꾼은 매일, 하늘을 올려다보고 지냈습니다. 너무나도 슬퍼서 땔감을 베러 갈 마음도 들지 않았습니다.

어느 날 사슴이 다시 나무꾼 앞에 나타났습니다. "보름달 밤이 되면 하늘에서 연못의 물을 길러 두레박이 내려옵니다. 그것을 타고 하늘나라로 가세요."라고 말했습니다. 보름달 밤, 나무꾼은 그 연못으로 가서 하늘에서 내려온 두레박에 올라탔습니다. 그리고 하늘나라로 올라간 나무꾼은 드디어 선녀와 아이들을 만날 수 있었습니다. 아무런 불안도 없는 하늘나라에서 나무꾼은 꿈과 같은 한때를 보냈습니다. 그러나 나무꾼은 정말로 행복했던 것일까요. 매일 조금씩 나무꾼의 표정이 어두워져 기운이 없어지게 되었습니다. 선녀는 그 모습을 보고 "땅에 계신 어머님이 걱정되는 거지요."라고 나무꾼에게 말하고 날개 달린 말을 한 마리 주었습니다. 그리고는 이렇게 말했습니다. "이 천마가 당신을 집까지 데려다 줄 것입니다. 하지만 말에서 절대 내려와서는 안 됩니다. 발이 땅에 닿으면 이젠 두 번 다시 하늘로는 돌아올 수 없어요." 나무꾼은 어머니의 얼굴을 볼 수 있을 것이라고 기뻐하며 바로 말에 올라탔습니다.

그리고 나무꾼이 집으로 돌아오자 어머니는 나무꾼의 얼굴을 보고 죽은 아들이 살아 돌아왔다고 정말로 기뻐했습니다. 그러나 어머니의 얼굴을 볼 수 있을 뿐, 말에서 내릴 수 없는 나무꾼은 "어머니 저는 이제 돌아가야 합니다." 정말로 슬픈 듯이 말했습니다. 어머니는 "잠깐만 기다리려무나. 네가 좋아하는 호박죽을 만들어 줄 테니까 그것만이라도 먹고 가렴."이라며 바로 죽을 만들어 주었습니다. 나무꾼은 날개 달린 말에 올라탄 채 그 죽을 먹었지만 서둘러 먹다가 죽 그릇을 아래로 떨어뜨려 버렸습니다. 그러자 말이 놀라서 펄쩍 뛰어오른 순간, 나무꾼은 땅바닥으로 내동댕이쳐졌습니다. 말은 부들부들 떨고는 하늘로 날아 올라갔습니다. 그리고 나서 계속 나무꾼은 그때의 사슴이 다시 나타나지 않을까 하고 기다렸습니다. 그러나 두 번 다시 사슴은 나타나지 않았습니다. 영원히 하늘로 돌아갈 수 없게 된 나무꾼은 선녀와 아이들을 생각하면서 계속 하늘을 쳐다보았습니다.

こうじょシンチョン
孝女沈清
효녀 심청

어느 곳에 아버지와 한 소녀가 있었습니다. 아버지는 눈이 보이지 않았습니다. "아직 어린 데 불쌍도 하지." 오늘도 아버지는 어린 딸인 심청을 안고 마을 아주머니들로부터 젖을 얻어 먹였습니다. 젖 동냥으로 자란 심청은 건강하게 자랐습니다. 심청은 자라서 매우 마음씨 착한 소녀가 되었습니다. 매일 열심히 일해서 아버지를 도왔습니다. 그러던 어느 날 아버지는 이웃마을에 일하러 간 심청을 마중하러 나갔습니다. 강가를 따라 걷고 있을 때였습니다. 갑자기 발이 미끄러져 강으로 풍덩 떨어졌습니다. "살려 줘!" 아버지는 외쳤습니다. 운 좋게 마침 지나가던 스님이 그 모습을 보고 아버지를 살려 주었습니다. 아버지는 스님에게 몇 번이고 감사를 드렸습니다. 그러자 스님은 "부처님에게 쌀 300석을 바치면 눈이 뜨이고 보이게 될 텐데……." 라고 말했습니다. 그것을 듣고 아버지는 쌀 300석을 건네 준다는 약속을 해 버렸습니다.

그날 저녁 아버지는 밥을 한 입도 먹지 못 하고 한숨만 쉬고 있었습니다. "어떻게 쌀 300석을 준비하면 될지…… 머리가 이상해진 모양이다." 그 모습을 보고 있던 심청이가 걱정스러운 듯이 말했습니다. "아버지, 무슨 일 있으세요? 저에게 이유를 말해 주세요." 아버지는 심청에게 낮에 있었던 일을 전부 말했습니다. "아버지 걱정하지 마세요. 아버지의 눈만 뜰 수 있다면 제가 어떻게든 해 볼게요." 심청이 말했습니다. "이런 많은 쌀을 너가 어떻게 준비할 수 있겠니……." 아버지는 더욱더 깊은 한숨을 쉬었습니다.

다음 날 심청은 우물로 물을 길러 갔습니다. 마을 아주머니들은 이야기꽃을 피우고 있었습니다. "뱃사람들이 바다에 공양으로 바칠 여자를 찾고 있다고 하는데." "배가 무사히 돌아올 수 있도록 용왕님께 바치는 거래." "하지만 쌀 300석과 목숨을 교환하다니 누가 할 수 있겠어?" 쌀 300석이라는 말에 귀가 번쩍한 심청은 바로 뱃사람들을 만나러 갔습니다. 심청은 뱃사람들에게 말했습니다. "제 아버지의 눈을 뜨게 하기 위해 쌀 300석이 필요합니다. 그러니까 저를 바로 데리고 가 주세요."심청의 지극한 효심에 뱃사람들도 매우 감동했습니다.

그리고 결국 심청이 출발하는 날이 되었습니다. "청아, 안 된다. 네가 없어지다니 어떻게 내가 살아갈 수 있겠니?" 아버지는 사람들의 이목도 신경 쓰지 않고 울었습니다. "아버지 부디 오래 살아 주세요." 심청은 울면서 배에 탔습니다. 그것을 들은 마을 사람들도 슬퍼서 함께 울었습니다. 심청을 태운 배는 바다를 향해 출발해 마침내 인당수에 도착했습니다. 그러자 갑자기 차가운 바람이 불고 파도도 거칠어졌습니다. "부디 아버지의 눈이 빨리 보이게 해 주세요." 심청은 치마를 움켜지고 풍덩 차가운 바다 속으로 뛰어들었습니다. 차가운 바다는 심청을 한입에 집어삼켰습니다. 조금 지나자 바다는 다시 잠잠해졌습니다. "어머, 여기는 어디지?" 심청이 눈을 떠 보자 그곳은 깊고 깊은 바다 속 용궁이었습니다. 어느 사이엔가 용궁의 여자가 나타나서 심청을 용왕님께 데리고 갔습니다. "너의 효심에 감동했다. 그러니 다시 너를 지상으로 돌려보내 주겠다. 그리고 다시 한 번 아버지를 만나거라."

그렇게 되어 심청은 매우 아름다운 연꽃을 타고 바다 위를 흘러갔습니다. "우와~ 바다에 이렇게 큰 연꽃이 피다니!" 연꽃을 발견한 뱃사람들은 그 연꽃을 따서 임금님에게 바쳤습니다. "오호, 정말로 신기한 꽃이로다!" 임금님은 너무나 기뻐하며 연꽃 옆으로 가자 꽃잎이 조용히 열렸습니다. 그리고 꽃 속에서 귀여운 여자가 나타났습니다. 그 사람은 심청이었습니다. 임금님은 아름답고 현명한 심청을 아내로 맞이하였습니다. 그러나 왕비가 된 심청은 항상 아버지의 일만을 생각하고 있었습니다. "왕비여, 뭔가 걱정거리라도 있는가?" 임금님이 물었기 때문에 심청은 아버지의 일을 말했습니다. 임금님은 그 이야기를 듣고 궁궐에서 눈이 보이지 않는 사람들을 위해서 잔치를 열기로 했습니다. 이 마을 저 마을 모든 눈이 보이지 않는 사람들이 궁궐로 모이게 되었습니다. 그러나 아버지의 모습은 보이지 않았습니다. "아버지는 왜 오시지 않는 것일까? 이제 눈은 뜨신 것일까?" 매일 궁궐로 모인 사람들 속에서 아버지의 모습을 열심히 찾았습니다.

그리고 마침내 잔치 마지막 날이 되었습니다. 초라한 모습의 아버지가 드디어 궁궐에 나타났습니다. 심청은 한눈에 아버지를 찾았습니다. "아버지, 아직 눈이 보이시지 않나요? 저에요. 심청이에요!" 심청은 아버지의 소매를 붙잡고 외쳤습니다. "뭐라고? 내 딸 청이라고?" 깜짝 놀란 아버지는 심청의 얼굴을 만졌습니다. "어디 내 딸 얼굴 좀 보자. 심청아." 아버지는 떠지지 않는 눈을 흘금흘금 움직여 보았습니다. 그러자 어떻게 된 걸까요. 아버지의 눈이 팍하고 떠진 것입니다. "보인다! 보여! 심청아, 너의 모습이 보인다!" 아버지는 심청을 안고 눈물을 흘렸습니다. 매우 기쁜 듯이 심청을 보고 임금님도 함께 기뻐했습니다. 그리고 나서 심청과 아버지는 함께 언제까지나 행복하게 살았습니다.

コンジパッジ

콩쥐 팥쥐

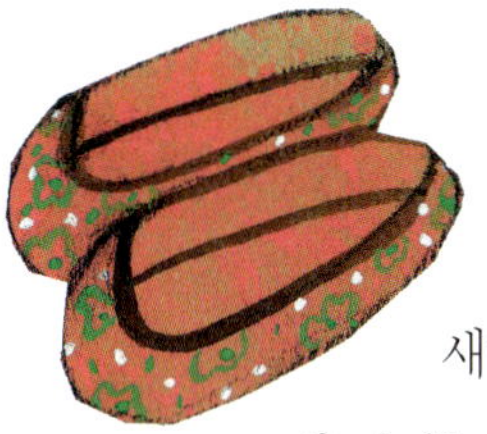

옛날, 어떤 곳에 콩쥐라는 마음씨 착한 소녀가 살고 있었습니다. 콩쥐의 어머니는 콩쥐가 아기였을 때 죽고, 콩쥐는 아버지와 둘이서 살았습니다. 콩쥐가 14살이 되었을 때 아버지는 새 아내를 맞이하였습니다. 새엄마는 콩쥐보다 한 살 아래인 팥쥐라는 딸을 데리고 왔습니다. 새엄마와 팥쥐는 매우 성격이 나빠서 두 사람은 콩쥐를 괴롭혔습니다. 그리고 얼마 지나지 않아 아버지도 병으로 돌아가셨습니다. 그러자 새엄마는 이전보다도 더욱 콩쥐를 괴롭혔습니다. 콩쥐는 아침 일찍부터 밤까지 온종일 쉴 틈도 없이 일하게 되었습니다.

어느 날 새엄마가 콩쥐와 팥쥐를 불러 말했습니다. "오늘 콩쥐는 돌투성이 밭을 갈아라. 팥쥐는 모래밭을 갈고."라며 콩쥐에게는 나무 괭이를, 팥쥐에게는 구리 괭이를 주었습니다. "오늘 중으로 전부 갈아라!"라고 말했습니다. 콩쥐는 열심히 밭을 갈았습니다. 그러나 나무 괭이는 돌에 부딪쳐 바로 부러져 버렸습니다. "어떡해……." 콩쥐는 주저앉아서 엉엉 울었습니다. 새엄마의 화내는 모습이 눈에 선했습니다. 그때 어디에선가 소가 한 마리 나타났습니다. "콩쥐 아가씨, 제가 도와 드릴 테니까 나무 아래로 가서 쉬세요." 소는 눈 깜짝할 사이에 밭을 갈고 사라졌습니다. 콩쥐가 간신히 집에 돌아오자 새엄마와 팥쥐는 맛있는 떡을 먹고 있었습니다. "너의 여동생은 벌써 훨씬 전에 끝냈는데 너는 어째서 이렇게 늦게 돌아오니?" 콩쥐는 새엄마에게 혼나고 저녁도 얻어먹지 못 했습니다.

다음 날, 이웃마을에서 잔치가 열렸습니다. 새엄마는 팥쥐를 데리고 집을 나와 "콩쥐야, 우리들은 잔치에 먼저 가 있을 테니까 너는 항아리에 물을 가득 채우고, 쌀을 찧고, 실로 천을 만들어 두어라."라고 말했습니다. 그것을 들은 콩쥐는 한숨을 쉬었습니다. 콩쥐는 열심히 물을 길어 항아리에 부었습니다. 그러나 이상하게도 물이 조금도 차지 않습니다. 콩쥐가 항아리 속을 들여다보니 항아리 바닥이 깨져 있었습니다. 콩쥐는 상심해서 엉엉 울었습니다. 그러자 어디에선가 한 마리의 두꺼비가 나타났습니다. "콩쥐 아가씨, 내가 항아리의 바닥을 메워 드릴 테니까 자, 어서 물을 길어 오세요." 두꺼비가 항아리 안으로 들어갔습니다. 콩쥐는 두꺼비 덕분에 금방 항아리에 물을 채울 수 있었습니다.

"항아리에 물은 길었지만, 이 많은 쌀을 어떻게 찧어야 하지……." 콩쥐가 한숨을 쉬며 말하자 이번에는 참새들이 날아왔습니다. "콩쥐 아가씨, 우리들이 쌀을 찧어 드릴게요." 참새들이 쌀을 찧기 시작했습니다. 그러자 순식간에 하얀 쌀이 되었습니다. 참새가 날아가자 다음으로 선녀가 나타났습니다. "콩쥐 아가씨, 제가 실로 천을 만들 테니까 이 옷을 입고 꽃신을 신고 잔치에 다녀오세요."라고 말했습니다.

콩쥐는 서둘러 옷을 갈아입고 잔칫집으로 향했습니다. 마침 강을 건널 때였습니다. "비켜라! 비켜라! 젊은 사또님의 행렬이다!" 그것을 보고 놀란 콩쥐는 그곳을 급히 떠났습니다. 콩쥐는 매우 당황했기 때문에 꽃신이 한쪽 벗겨진 것도 모르고, 그대로 달려가 버렸습니다. 젊은 사또는 콩쥐의 모습을 보고 콩쥐가 너무나 맘에 들어, 꽃신을 주워 "이 꽃신은 누구의 것인지 찾아보아라."라고 신하들에게 명령했습니다. 신하들은 꽃신을 들고 온 마을을 찾았습니다. 그리고 마침내 콩쥐가 사는 곳에 왔습니다. 우선 팥쥐가 꽃신에 발을 넣어 무리하게 신으려고 했지만 팥쥐의 발에는 맞지 않았습니다. 다음으로 콩쥐가 신어 보자 꽃신은 콩쥐의 발에 딱 맞았습니다. 이리하여 콩쥐는 젊은 사또와 결혼하게 되었습니다.

그리고 결혼식 날. 콩쥐가 젊은 사또와 결혼하는 것에 질투한 팥쥐는 콩쥐의 잔에 몰래 독을 넣었습니다. 아무것도 모르는 콩쥐는 잔을 입에 대었습니다. 그 순간 콩쥐는 쓰러져 버렸습니다. "아! 신부가 쓰러졌다!" 그러나 다행스럽게도 콩쥐는 독을 토하고 그럭저럭 숨이 돌아왔습니다.

그것을 보고 팥쥐와 새엄마는 서둘러 도망갔지만 붙잡혀 버렸습니다. 두 사람은 단단히 밧줄로 묶여 감옥에 넣어졌습니다. 콩쥐는 젊은 사또에게 "부디 엄마와 여동생을 용서해 주세요."라고 간청했습니다. 그리하여 콩쥐 덕분에 두 사람은 감옥에서 나오게 되었습니다. "고맙구나, 콩쥐야. 정말 미안하구나." 자신들의 잘못을 반성한 두 사람은 콩쥐에게 용서를 구했습니다. 그 후 새엄마와 팥쥐는 마음을 고쳐먹고 착한 사람이 되었습니다. 그리하여 콩쥐는 젊은 사또와 언제까지나 사이좋게 행복하게 살았습니다.

うさぎの肝（きも）

토끼의 간

옛날 옛날 아주 깊은 바다에 용왕님이 살고 있었습니다. 용왕님은 바다를 통치하고, 그 덕분에 모두 평화롭게 살고 있었습니다. 그러던 어느 날 용왕님은 중한 병에 걸려서 쓰러졌습니다. "좋은 약이란 약은 모두 먹었지만 전혀 낫지 않는구나. 도대체 어떻게 하면 좋을까?" 용왕님은 상심하였습니다. 그래서 신하들은 유명한 의사를 찾아서 용궁으로 데리고 왔습니다. "용왕님, 서쪽 바다에 매우 뛰어난 의사가 있다고 들어서 데리고 왔습니다." "오호, 그런가. 그럼 바로 데리고 오너라." 즉시 의사는 용왕님의 맥을 짚었습니다. 그리고 긴 한숨을 쉬었습니다. "용왕님의 병을 고치는 약은 없습니다. 어쩌면 토끼의 간이라면 어떻게 될지도 모르겠습니다만……." 그 말을 들은 신하들과 용왕님은 회의를 시작했습니다. "어떻게 지상에 살고 있는 토끼의 간을 찾아올까?" 모두 고민하였습니다. 그때 거북이가 앞에 나와서 말했습니다. "물속과 땅 위를 왕복할 수 있는 제가 토끼의 간을 찾아오겠습니다."

이렇게 해서 거북이는 땅 위로 올라갔습니다. 육지에는 아름다운 꽃이 피는 봄이었습니다. "빨리 토끼를 찾지 않으면……." 거북이는 열심히 토끼를 찾아서 걸었습니다. 그러자 커다란 나무 아래에서 쿨쿨 낮잠을 자고 있는 동물이 있었습니다. "앗, 저것이 토끼임에 틀림없다……." 거북이는 가슴에 숨기고 있던 토끼의 그림을 꺼내 보았습니다. "음~ 기다란 귀, 짧은 앞발, 저것이 토끼임에 틀림없어." 그리곤 거북이는 토끼에게 다가갔습니다. "여보세요. 토끼님!" 거북이는 느릿느릿 토끼 앞으로 가서 말했습니다. 토끼는 깜짝 놀라서 갑자기 일어나 앉았습니다. 그리고 졸린 눈을 비비면서 외쳤습니다. "갑자기 나를 깨운 것은 누구?" "네네, 저입니다. 먼 바다의 용궁에서 온 거북이입니다. 소문대로 토끼님은 정말로 잘생기셨군요. 용왕님이 잘생긴 토끼님을 만나고 싶다고 하십니다." 거북이가 말하자 토끼는 거북이의 말에 완전히 추켜세워져서 "바다 속의 용궁은 어떤 곳입니까?"라고 이야기에 말려들어 갔습니다.

거북이가 기다렸다는 듯이 "용궁은 정말로 아름다운 곳입니다. 맛있는 음식도 많이 있고, 보물이 넘치는 곳입니다."라고 하자 2개의 기다란 귀를 쫑긋쫑긋하며 토끼는 거북이의 이야기를 들었습니다. "그럼 용궁에는 난폭한 동물이나 사냥을 하는 사람은 없는 건가요?"라고 토끼가 물었습니다. "하하하, 맞습니다. 난폭한 동물이나 사냥을 하는 사람은 없습니다. 매우 살기 좋은 곳입니다." 거북이가 대답했습니다. 토끼는 거북이의 말에 귀가 쫑긋쫑긋 움직였습니다. 거북이는 토끼의 기분을 쉽게 알았습니다. 거북이는 "토끼님, 용궁을 구경시켜 드릴 테니까 함께 갑시다. 저의 등에 타시면 매우 편하게 가실 수 있습니다."라고 말했습니다. 그러자 토끼는 거북이의 말에 속아서 그 자리에서 거북이의 등에 탔습니다. 그리고 거북이와 토끼는 바다로 출발했습니다.

"히야~ 정말로 아름다운 곳이다!" 토끼는 바다 구경을 매우 즐겼습니다. 마침내 용궁에 도착하자 거북이는 토끼를 내려놓고 말했습니다. "토끼님, 여기서 잠시 기다려 주세요. 용왕님 계신 곳에 갔다 오겠습니다." 토끼가 혼자서 기다리고 있자 갑자기 병사들이 눈앞에 나타나서 토끼는 붙잡혀 버리고 말았습니다. "도대체 무슨 일이야?" 토끼는 놀랐습니다만 병사들에게 단단히 묶여서 용왕님의 앞으로 끌려갔습니다. 용왕님은 벌벌 떨고 있는 토끼를 보고 말했습니다. "토끼야, 너의 간을 먹으면 나의 병이 나을 것 같구나. 죽어도 분하다고 생각하지 말게." "즉시 토끼의 간을 꺼내거라." 용왕님이 명령하였습니다.

그것을 듣고 토끼는 당황했습니다만 어떤 생각이 머리에 떠올랐습니다. "용왕님, 죄송합니다만, 지금 저의 간은 없습니다."라고 했습니다. 그 말을 들은 용왕님은 눈을 크게 뜨고 물었습니다. "간이 없다고? 그것은 도대체 무슨 말이냐?" 토끼는"실은 전에 저는 간을 몸에서 꺼내거나 넣거나 할 수 있었습니다. 그래서 그때 간을 물로 씻어서 말려 두었습니다."라고 말했습니다. "그게 정말이냐?" "네, 정말입니다. 저를 다시 한 번 땅 위로 데려다 주신다면 즉시 간을 가져오겠습니다만……." 토끼가 말하자 용왕님은 완전히 속아 넘어가 "그렇다면 육지로 돌아가서 간을 가져오너라. 거북이가 데리고 갈 테니까."라고 말했습니다. 토끼는 거북이의 등을 타고 땅 위로 돌아갔습니다. 토끼는 육지에 닿자마자 재빨리 도망갔습니다. "불쌍한 거북아. 세상에 간을 넣다 뺐다 하는 동물이 어디에 있냐? 하하하!" 토끼가 웃었습니다. 거북이는 그때가 되어서야 겨우 토끼에게 속았다는 것을 알았습니다. 그리고 엉엉 큰 소리로 울었습니다.

たにし娘(むすめ)

우렁각시

옛날옛날 어느 곳에 매우 부지런한 남자가 있었습니다. 남자는 나이를 먹었지만 아직 결혼하지 않았습니다. "어이, 너는 언제 결혼할 거야?" 마을 사람들이 물으면 남자는 수줍은 듯이 "저 같은 가난뱅이에게 신부로 와 줄 여성이 있을 거라고 생각하세요? 이대로 혼자서 사는 것이 마음 편해요."라고 대답했습니다. 하지만 마음 속으로는 쓸쓸하다고 생각하고 있었습니다. 어느 날 평소처럼 밭에서 일을 하고 있을 때, 남자는 한숨을 쉬고 이렇게 말했습니다. "이렇게 열심히 밭에서 일해도 함께 살 가족이 없는 걸까……." 그러자 어디선가 "나랑 살면 되잖아"라는 소리가 들렸습니다. 놀란 남자는 주변을 둘러보았지만 아무도 없었습니다. 그래서 다시 한 번 "열심히 밭일을 해도 함께 살 가족이 없는 걸까."라고 말해 보았습니다. 그러자 이번에는 풀 속에서 "나랑 살면 되잖아"라는 소리가 또 들려 오는 것이 아니겠습니까? 남자는 소리가 나는 쪽으로 가 보았습니다. 그리고 잘 보니 풀 속에 커다란 우렁이가 하나 있는 것이 아닙니까? "정말로 신기한 일이구나." 남자는 그 우렁이를 손으로 집어 물병 속에 넣어서 집으로 가지고 왔습니다.

다음 날 남자는 아침 일찍 일어났습니다. 그러자 놀랍게도 맛있는 밥이 지어져 있는 것이 아니겠습니까? '이것은 도대체 어떻게 된 거지?' 남자는 이상하다고 생각하면서도 맛있게 밥을 먹었습니다. 그리고 남자는 논으로 나가 열심히 일했습니다. 남자가 일하고 집으로 돌아오자 또 밥이 지어져 있었습니다. 그리고 다음 날도 그 다음 날도 정확히 밥이 놓여져 있었습니다. '나도 모르는 사이에 누가 밥을 지어 놓는 걸까?' 남자는 생각했습니다. 그래서 어느 날 남자는 일하러 가는 척하고 부엌에 숨었습니다. 점심을 먹을 시간이 되자 물병에서 귀여운 아가씨가 나타났습니다. 그리고 밥을 짓는 것이 아니겠습니까? 남자는 재빨리 일어나서 아가씨 앞으로 나갔습니다. "아가씨는 도대체 누구십니까?"라고 묻자 놀란 아가씨는 얼굴이 빨개져서 말했습니다. "저는 용왕의 딸입니다. 죄를 지었기 때문에 추방되었습니다." 남자는 아가씨가 말하는 것을 듣자마자 "부디 저의 아내가 되어 주세요."라고 말했습니다. 이렇게 남자와 우렁각시는 부부가 되었습니다. 항상 혼자서 쓸쓸하게 생활하던 남자는 너무나 행복했습니다.

그러던 어느 날 우렁각시는 남편의 식사를 준비하고 나서 밖으로 나갔습니다. 그러자 그때 갑자기 촌장과 스쳐 지나갔습니다. 촌장은 우렁각시를 보고, 한눈에 마음에 들었습니다. "이런, 저렇게 아름다운 사람이 있다니! 저 사람은 누구의 아내일까?"라고 말하자 "저 사람은 부지런한 남자의 아내입니다."라고 마을 사람이 대답했습니다. 그 이야기를 듣고 촌장은 우렁각시를 남자로부터 빼앗고 싶어졌습니다. 그래서 촌장은 여러 가지 생각해서 남자를 불렀습니다. 아무것도 모르는 남자는 촌장에게 깊이 머리를 숙이고 "무슨 일로 저를 불렀습니까?"라고 물었습니다. 그러자 촌장은 남자를 향해 "내일 나와 나무를 베는 승부를 하자. 내가 이기면 너의 아내를 받겠다. 네가 이기면 보물을 주지. 그러나 만약 이 일을 거절하면 큰 벌을 내릴 것이다."라고 말했습니다. 남자는 집으로 돌아가서 커다란 소리로 울었습니다. 놀란 우렁각시는 "도대체 무슨 일이죠? 무슨 일 있었나요?"라고 물었습니다. 남자는 우렁각시에게 오늘일을 전부 말했습니다. 그것을 들은 우렁각시는 "걱정하지 마세요. 전부 잘 될 테니까."라고 남편을 위로했습니다.

그날 밤 우렁각시는 바다로 돌아가서 용왕님을 만났습니다. 그리고 "저를 도와주세요."라고 말하고 용왕님께 오늘 일어난 일을 말했습니다. 그것을 듣고 이해한 용왕님은 마법의 도끼를 한 자루, 우렁각시에게 주었습니다. 승부의 아침이 되었습니다. 우렁각시는 남자에게 마법의 도끼를 건네 주었습니다. 남자는 마법의 도끼를 가지고 나갔습니다. 남자는 홀로, 그러나 촌장은 부하를 많이 거느리고 왔습니다. 그리고 남자와 촌장은 승부를 시작했습니다. 그러나 마법의 도끼를 가진 남자는 순식간에 모든 나무를 베어 버렸습니다. "이런, 이상하군! 그럴 리가 없어!" 화난 촌장은 이번에는 바다에서 배를 타고 승부를 하자고 말했습니다. 그리고 바다에서의 승부가 되었습니다. 그러나 이번에도 또 용왕님의 도움으로 남자가 이겼습니다. 그리고 남자는 바다의 소용돌이 속으로 떨어진 촌장을 도와주었습니다. 그러자 "나의 목숨을 살려 주어서 고맙네. 너의 아내를 빼앗으려고 한 일을 용서해 주게." 촌장은 자신을 잘못을 깨닫고 깊이 반성했습니다. 그리고 남자는 촌장으로부터 많은 보물을 받았습니다. 부자가 된 남자는 우렁각시와 오랫동안 행복하게 살았다고 합니다.

정답

초급 01 소가 된 남자

01 ③

02 ②

03 ④

04 ①

05 ③

06 仕事がいやな人がこの仮面をかぶるといいことがあると聞いたから

07 大根を食べると牛が死ぬ

08 ずっと働かないで寝てばかりいたから

09 家にいる家族のことを考えたから

10 誰よりも一生懸命仕事をするようになった

tip

きらい 싫음, 싫어함 | トラ 호랑이 | どうして 왜, 어째서
食たべさせる 먹게 하다 | 自分じぶん 자기 자신
お腹なかが空すく 배가 고프다

초급 02 호랑이의 효행

01 ④

02 ②

03 ③

04 ①

05 ③

06 こわくて体がぶるぶるしはじめた

07 すっかりトラになってしまったから

08 トラがいのししをつかまえてお母さんのところへ持ってきたから

09 自分も母親を大事にした

10 最後までトラの子を育てた

tip

食たべ物もの 음식 | さがす 찾다 | うそ 거짓말
最初さいしょ 맨처음 | どんな 어떤

초급 03 해님 달님

01 ③

02 ④

03 ③

04 ①

05 ④

06 きなこもち

07 もちを一(ひと)つくれたら、お母(かあ)さんを食(た)べない

08 妹(いもうと)が「おのを使(つか)って登(のぼ)れば簡単(かんたん)だ」と言(い)ってしまったから

09 神様(かみさま)に助(たす)けてくださいと一生懸命(いっしょうけんめい)祈(いの)ったから

10 兄(あに)はお日(ひ)さまに、妹(いもうと)はお月(つき)さまになった

초급 04 세상에서 가장 무서운 것

01 ②

02 ④

03 ③

04 ④

05 ①

06 一人(ひとり)でひまだから

07 友達(ともだち)になった

08 ちっとも力(ちから)が出(で)なくなる

09 お金(かね)から逃(に)げるために

10 大金持(おおがねも)ちになった

tip

多おおい 많다 | お酒さけ 술 | 変かわった 이상한
うそ 거짓말 | 関係かんけい 관계

중급 05 금도끼 은도끼

01 ③

02 ④

03 ①

04 ③

05 ①

06 私（神様）がさがしてあげるから、もう泣くのはやめなさい

07 本当に正直でよい男で、大変立派だから

08 自分も金の斧を神様にもらいたいから

09 欲の深い木こりのうそが分かったから

10 自分の斧までもなくしてしまった

tip

理由りゆう 이유 | 銅どう 구리 | 取とる 빼앗다

중급 06 선녀와 나무꾼

01 ④

02 ③

03 ②

04 ②

05 ②

06 猟師に追われていたから

07 木こりの奥さんになった

08 もう天へは戻れないと思うと悲しかったから

09 泣いてばかりいる天女を見る度に胸が痛くなったから

10 毎日天女と子供を思い出しながら、ずっと空を見上げていた

tip

違ちがう 다르다

중급 07 효녀 심청

01 ②

02 ③

03 ③

04 ④

05 ①

06 働きに出かけた沈静を迎えに

07 お釈迦様に米３００石を差し上げたら目が開いて見えるようになる

08 沈静の親孝行な気持ち

09 スカートをつかんで、冷たい海の中に飛び込んだ

10 目がパーと開いて、沈静の姿が見えるようになった

tip

嫁よめにする 아내로 삼다

고급 08 콩쥐 팥쥐

01 ②

02 ③

03 ④

04 ④

05 ③

06 とても悪い性格

07 花の靴

08 コンジが若殿様と結婚することに嫉妬したから

09 コンジが若殿様に「母と妹を許して下さい」とお願いしたから

10 心を入れ替え、善い人になった

tip

途中とちゅう 도중

고급 09 토끼의 간

01 ②

02 ②

03 ①

04 ④

05 ③

06 水の中と陸の上を往復できるから

07 長い耳と短い足が、持っていたうさぎの絵と同じだったから

08 龍宮には乱暴な動物や狩をする人がいないと言ったから

09 肝を水で洗って干しておいたため、今は肝がない

10 さっさと逃げてしまった

tip

うそをつく 거짓말을 하다

고급 10 우렁각시

01 ①

02 ③

03 ②

04 ④

05 ①

06 働きに行くふりをして台所に隠れた

07 私を助けて下さい

08 助けてあげた

09 自分の過ちに気づいて深く反省した

10 村長からたくさんの宝をもらって金持ちになった

tip

気楽きらく 속 편함, 홀가분함

동양북스 추천 교재

일본어 교재의 최강자, 동양북스 추천 교재

회화 코스북

일본어뱅크 다이스키
STEP 1 · 2 · 3 · 4 · 5 · 6 · 7 · 8

일본어뱅크
좋아요 일본어 1 · 2 · 3

일본어뱅크 도모다찌
STEP 1 · 2 · 3

분야서

일본어뱅크
NEW 스타일 일본어 문법

일본어뱅크
일본어 작문 초급

일본어뱅크
사진과 함께하는
일본 문화

일본어뱅크
항공 서비스 일본어

가장 쉬운 독학
일본어 현지회화

수험서

일취월장 JPT
독해 · 청해

일취월장 JPT
실전 모의고사 500 · 700

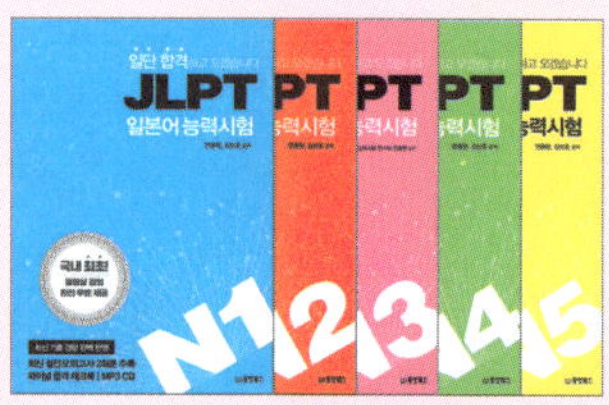

일단 합격하고 오겠습니다
JLPT 일본어능력시험
N1 · N2 · N3 · N4 · N5

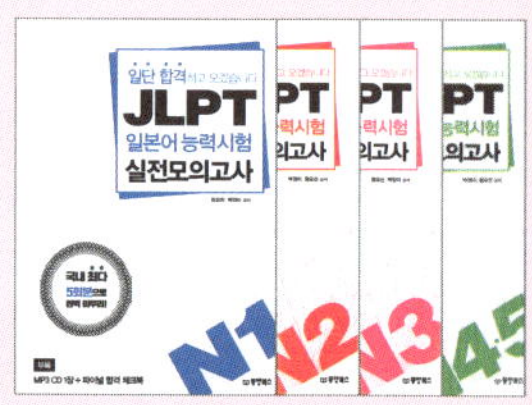

일단 합격하고 오겠습니다
JLPT 일본어능력시험
실전모의고사 N1 · N2 · N3 · N4/5

단어 · 한자

특허받은
일본어 한자 암기박사

일본어 상용한자 2136
이거 하나면 끝!

일본어뱅크
New 스타일 일본어 한자 1 · 2

가장 쉬운 독학
일본어 단어장

일단 합격하고 오겠습니다
JLPT 일본어능력시험
단어장 N1 · N2 · N3

동양북스 추천 교재

기타외국어 교재의 최강자, 동양북스 추천 교재

중고급 학습

첫걸음 끝내고 보는
프랑스어
중고급의 모든 것

첫걸음 끝내고 보는
스페인어
중고급의 모든 것

첫걸음 끝내고 보는
독일어
중고급의 모든 것

첫걸음 끝내고 보는
태국어
중고급의 모든 것

단어장

버전업! 가장 쉬운
프랑스어 단어장

버전업! 가장 쉬운
스페인어 단어장

버전업! 가장 쉬운
독일어 단어장

여행 회화

NEW 후다닥
여행 중국어

NEW 후다닥
여행 일본어

NEW 후다닥
여행 영어

NEW 후다닥
여행 독일어

NEW 후다닥
여행 프랑스어

NEW 후다닥
여행 스페인어

NEW 후다닥
여행 베트남어

NEW 후다닥
여행 태국어

수험서 · 교재

한 권으로 끝내는 DELE
어휘·쓰기·관용구편 (B2~C1)

수능 기초 베트남어
한 권이면 끝!

버전업!
스마트 프랑스어

일단 합격하고 오겠습니다
독일어능력시험
A1 · A2 · B1 · B2(근간 예정)